Feuerwehrmann Heiner und das kleine schwarze Schaf

Geschichten von kleinen und großen Helden der DDR

BELTZ
Der **Kinderbuch**Verlag

Diese Anthologie wurde zusammengestellt von Andrea Baron

Dieses Buch ist erhältlich als:
ISBN 978-3-407-77228-2 Print

© 2018 Beltz | Der KinderbuchVerlag
in der Verlagsgruppe Beltz · Weinheim Basel
Werderstraße 10, 69469 Weinheim
Alle Rechte für diese Ausgabe vorbehalten
Rechtenachweis im Anhang
Neue Rechtschreibung
Satz: Meris Sibilla
Druck und Bindung: Beltz Grafische Betriebe, Bad Langensalza
Printed in Germany
1 2 3 4 5   22 21 20 19 18

Weitere Informationen zu unseren Autor_innen und Titeln
finden Sie unter: www.beltz.de

Inhalt

Franz Fühmann
Die Suche nach dem wunderbunten Vögelchen
mit Bildern von Ingeborg Friebel 11

Liselotte Sewart
Bello und Minke
mit Bildern von Dagmar Schwintowsky 51

Eva Johanna Rubin
Drei kleine Mädchen
mit Bildern der Autorin 57

Wolfgang Pfannenschmidt
Das Hasenschwänzchen
mit Bildern von Inge Gürtzig 63

Fred Rodrian
Pantommel malt das Meer
mit Bildern von Werner Klemke 71

Ernst Adler
Ko und Ala
mit Bildern von Hans Baltzer 77

Gottfried Herold
Die Zauberbude
mit Bildern von Gerhard Lahr 94

Fred Rodrian
Das Entenliesel
mit Bildern von Erich Gürtzig 109

Walter Krumbach
Beim Puppendoktor
mit Bildern von Ingeborg Meyer-Rey 115

Maxim Gorki
Vom dummen Iwanuschka
mit Bildern von Bernhard Nast 123

Katrin Pieper
Die große Reise des kleinen Jonas
mit Bildern von Ingeborg Friebel 131

Werner Heiduczek
Vom Hahn, der auszog, Hofmarschall zu werden
mit Bildern von Wolfgang Würfel 147

Brigitte Tenzler
Zappel und die Zauberzahlen
mit Bildern von Ingeborg Friebel 161

INHALT

Elizabeth Shaw
Das kleine schwarze Schaf
mit Bildern der Autorin 177

Rudi Strahl
Sandmann sucht die neue Stadt
mit Bildern von Eberhard Binder 189

Elizabeth Shaw
Die fleißige Familie
mit Bildern der Autorin 203

Fred Rodrian
Wir gehen mal zu Fridolin
mit Bildern von Gertrud Zucker 209

Winfried Völlger
Ija, der Esel von der blauen Wiese
mit Bildern von Gisela Neumann 223

Fred Rodrian
Der Märchenschimmel
mit Bildern von Ingeborg Meyer-Rey 231

Siegbert Schubert
Feuerwehrmann Heiner
mit Bildern von Erika Klein 245

Quellen und Rechtenachweis 256

Kurzbiografien 259

Franz Fühmann
Die Suche nach dem wunderbunten Vögelchen

mit Illustrationen von Ingeborg Friebel

Mitten in unserem schönen Land, sieben Wälder und sieben Genossenschaftsfelder hinter der Hauptstadt Berlin, liegt die kugelrunde Stadt Käsebrot, und mitten in der kugelrunden Stadt Käsebrot ist ein großer grüner Platz, und mitten auf dem großen grünen Platz ist ein buckliger brauner Baum, und mitten auf dem buckligen braunen Baum ist ein dicker, knorriger Ast, und mitten auf dem dicken, knorrigen Ast ist ein breites bleisilbernes Blatt, und mitten auf dem breiten bleisilbernen Blatt ist ein kuscheliges blaues Nest, und mitten in dem kuscheligen blauen Nest

ist ein feuerrotbäuchiges Vöglein mit einem vollmondgelben Rücken, einem seerosengrünen Schwanz und einem veilchenblauen Köpfchen, und mitten in dem veilchenblauen Köpfchen stecken über einem zuckerweißen Schnäbelchen zwei winzige purpurne Äuglein, und wenn die winzigen purpurnen Äuglein sich auftun, dann sehen sie gerade in den Schlafsaal des Kinderwochenheimes der kugelrunden Stadt Käsebrot. Die Kinder dort lieben das Vögelchen sehr, und weil sie alle gute, fröhliche Kinder sind, dürfen sie das Vögelchen auch betreuen und behüten. Denn das Vögelchen ist sehr kostbar; es gibt nur noch ein einziges dieser Art auf der Welt.

Von weit her kommen die Menschen, um dieses Vögelchen zu sehen und seinem Gesang zu lauschen. Sie melden sich vorher beim Pionier vom Dienst, und der führt dann die Besucher hinaus auf den großen grünen Platz und sagt ihnen: »Bitte, ganz leise, nicht zu nahe an den Baum heran, und nicht rufen, lachen, mit den Füßen stampfen oder Gesichterfratzen schneiden, dass unser wunderbuntes Vögelchen nicht erschrickt!« So war es alle Tage gewesen.

Aber eines Oktobermorgens, als die Kinder aufwachten, da merkten sie, dass ihnen etwas fehlte. Was war es nur? Schließlich rief Sonja: »Kinder, unser Vögelchen singt ja gar nicht sein Morgenlied!«

»Vielleicht schläft es noch«, sagte Lutz und rekelte sich dabei im Bett. Lutz fiel es immer schwer, morgens aus den Decken zu kriechen.

»Unser Vögelchen ist doch keine solche Schlafmütze wie du«, sagte Bärbel. Die Kinder lachten.

»Du kriegst gleich einen Schwinger vor die Nase«, sagte Lutz und sprang im Bett auf beide Beine, dass das Bettgestell krachte. Sonja sah zum Fenster hinaus.

»Wir wollen uns schnell anziehen, Kinder, und dann nachschauen gehen«, schlug sie vor. Im Nu waren die Kinder in ihren Hemdchen und Röckchen und Höschen und Söckchen, und dann stürmten sie hinaus auf den großen grünen Platz. Erschrocken blieben sie beim buckligen braunen Baum stehen. Das kuschelige Nest auf dem breiten bleisilbernen Blatt war leer. Die Kinder stürzten ins Heim zurück. Noch während des Laufens schrien sie: »Frau Rasselbusch, Frau Rasselbusch, unser Vöglein ist uns davongeflogen!«

Frau Rasselbusch, die Leiterin des Kinderheimes, kam aus dem Haus, und hinter ihr, den Kochlöffel in der Hand, Tante Erna, die Heimköchin.

»Unser Vögelchen ist fortgeflogen«, klagten die Kinder.

»Das kann nicht sein«, sagte Frau Rasselbusch.

»Unser Vögelchen hat uns viel zu lieb, um einfach fortzufliegen. Vielleicht hat es sich eben mal versteckt? Wir wollen ein Weilchen warten und ganz ruhig sein.« Alle warteten ein Weilchen und waren so ruhig, dass man die Käfer im Gras spazieren gehen hörte.

»Nichts«, flüsterte Bärbel traurig. Sonja fing an zu weinen.

»Was machen wir denn jetzt, Frau Rasselbusch?«, fragte Lutz.

»Es gibt nur eine Möglichkeit: Unser Vöglein ist gestohlen worden«, sagte Frau Rasselbusch.

»Gestohlen?«, riefen die Kinder empört.

»Gestohlen!«, wiederholte Frau Rasselbusch. »Ich rufe gleich die Volkspolizei an. Wascht euch indessen und geht dann in den Esssaal frühstücken!« Die Kinder gingen sich waschen und dann gingen sie in den Esssaal. Es gab heiße süße Milch und Kuchenbrötchen mit Butter. Aber die Kinder hatten keinen Appetit. Traurig dachten sie an das gestohlene Vögelchen.

»Ob es wohl schon sein Futter gekriegt hat?«, fragte Sonja.

»Wenn ich den Kerl fasse, der das Vögelchen geklaut hat, dann hau ich ihm einen Schwinger vor die Nase, dass er sich drei Mal überschlägt«, drohte Lutz und boxte wütend in die Luft.

»Du wirst ihn gerade fassen, du Schlafmütze«, sagte Bärbel.

»Klar fasse ich ihn«, schrie Lutz. Bärbel widersprach.

Es hätte fast großen Krach gegeben, doch da hörten die Kinder ein lautes Hupenzeichen: Tatüü-tatüü-tatüü-tatüü! Ununterbrochen gellte die Hupe, und da schoss auch schon ein Auto heran, das auf dem Dach eine große, ständig blau blitzende, zylinderhutförmige Lampe trug. Das Auto bremste jäh, und zwei Volkspolizisten, ein großer und ein kleiner, sprangen heraus. Frau Rasselbusch lief ihnen entgegen. Die Kinder drängten sich ans Fenster, um alles genau zu sehen. Die Volkspolizisten traten vorsichtig an den buckligen braunen Baum heran und der Große zog einen Zeichenblock aus der Tasche und begann zu zeichnen.

»Warum malt der denn jetzt Männeken, Tante Erna?«, fragte Lutz.

»Der malt keine Männeken«, sagte Tante Erna, »der zeichnet alles ganz genau auf, damit er diesen Ort immer vor Augen hat, wenn er nach dem Dieb forscht.«

Währenddessen hatte der kleine Volkspolizist ein weißes Pulver in einer Schale mit Wasser angerührt. Dann hockte er sich hin und bestrich den Boden unmittelbar unter dem dicken, knorrigen Ast des buckligen braunen Baumes mit dieser breiigen Masse.

»Was macht er denn da für eine weiße Eierpampe, Tante Erna?«, fragte Bärbel.

»Das ist Gipsmasse«, sagte Tante Erna. »Ich will euch das erklären. Wenn jemand in weiche Erde tritt, so gibt das doch Tapsen im Boden. Solche Tapsen nennt man Spuren, Fußspuren. Der böse Mensch, der uns das Vögelchen gestohlen hat, hat auch solche Fußspuren hinterlassen. In diese Spuren wird nun der Gipsbrei gegossen. Gipsbrei trocknet aber an der Luft sehr schnell ein. So bekommt man einen Abguss der Spur. Schaut hin!«, sagte sie.

Die Kinder pressten ihre Nasen am Fenster fast platt. Der kleine Volkspolizist hob jetzt den gehärteten Gipsbrocken aus der Erde.

»Nun hat er einen genauen Abdruck von der Fußspur«, sagte Tante Erna, »und daraus kann er allerlei ablesen: ob der Dieb zum Beispiel große oder kleine Schuhe mit Porokreppsohle oder glatter oder genagelter Sohle trägt. Das ist alles sehr wichtig, denn daran kann man ihn wiedererkennen.« Während sie so erklärte, langte der große Volkspolizist zum dicken, knorrigen Ast hinauf und nahm vorsichtig etwas Weißes von der Astrinde ab.

»Was pflückt der da, Tante Erna?«, fragte Sonja.

»Das weiß ich auch nicht«, sagte Tante Erna. Doch schon war wieder etwas Neues zu sehen. Die beiden Volkspolizisten gingen, langsam und immer über die Spur gebückt, vom Baum weg zur Straße.

Der große Volkspolizist zeigte auf eine bestimmte Stelle am Straßenrand und der kleine Volkspolizist schrieb etwas in sein Notizbuch. Dann machten sie kehrt, gingen zum Heim zurück und betraten den Esssaal.

»Guten Morgen, Kinder!«, sagten die Volkspolizisten und grüßten.

»Guten Morgen!«, riefen die Kinder zurück. Dann schwieg alles in größter Spannung.

»Ich bin Hauptwachtmeister Wiesel«, sagte der große Volkspolizist.

»Und hier ist mein Kamerad, der Genosse Hauptwachtmeister Löffelholz. Wir müssen euch sagen, Kinder, dass der Fall leider sehr ernst ist. Euer wunderbuntes Vögelchen ist gestohlen worden. Wollt ihr mithelfen, den bösen Dieb zu finden?«

»Ja! Ja! Ja!«, riefen die Kinder begeistert.

»Wir wissen natürlich noch nicht, wer es gewesen ist«, fuhr Hauptwachtmeister Löffelholz fort. »Wir müssen das erst ausknobeln. Ein paar Anhaltspunkte aber haben wir schon.« Er hob die Gipsstücke hoch und sagte: »Der Dieb hat eine deutliche Fußspur hinterlassen. Als er nach dem Vögelchen griff, hatte er sich auf die Zehen stellen müssen. Seht her: Die Stelle, wo die Zehen sind, ist tiefer eingedrückt als die Ferse. Nun liegt das Nest aber nicht sehr hoch. Daraus können wir schließen, dass der Dieb ein ziemlich kleiner Mann gewesen sein muss.«

»Könnte es nicht ein Kind gewesen sein?«, fragte Bärbel.

»Du denkst aber gut«, sagte Hauptwachtmeister Wiesel. »Doch zeig einmal dein Füßchen!« Bärbel hob ihren linken Fuß hoch und Hauptwachtmeister Wiesel hielt die Gipsspur gegen ihre Sohle. Die Gipsspur war um vieles größer. »Sieh«, sagte Hauptwachtmeister Wiesel, »die Fußspur sagt uns, dass der Dieb große Schuhe anhatte. Also hat er auch große Füße. Solch große Füße aber kann kein Kind haben.« »Noch etwas Wichtiges sagt uns die Fußspur«, erklärte Hauptwachtmeister Löffelholz und wies auf eine dicke Stelle an der Sohle. »Seht«, sagte er, »diese dicke Stelle hier erzählt uns, dass der Dieb einen derben Flicken an der Sohle hat.« Hauptwachtmeister Wiesel hob dann einige weiße Fäden hoch. »Und das«, sagte er, »sind weiße Baumwollfäden. Sie hingen am Baumstamm, gerade an der Stelle, wo der Dieb sich heraufgereckt hatte. Könnt ihr daraus etwas ablesen?«

Die Kinder dachten nach. Dann riefen gleich zwei auf einmal: »Der Dieb hat einen weißen Anorak angehabt.«

»Oder eine weiße Jacke«, fügte Tante Erna hinzu.

»Bravo!«, lobte Hauptwachtmeister Löffelholz. »Ihr seid ja wirklich tüchtige Detektive!« Aber dann legte er die Stirn in Falten und sagte: »Aber trotzdem muss ich euch ausschimpfen, Kinder. Ihr habt einen Fehler gemacht. Ihr hättet nicht zum Baum hinlaufen dürfen, denn ihr hättet dadurch mit euren Füßchen alle Spuren, die der Dieb hinterlassen hat, zertrampeln können. Das dürft ihr nicht wieder tun.«

Die Kinder senkten die Köpfe.

»Nun wisst ihr ja Bescheid«, tröstete sie Hauptwachtmeister Wiesel. »Schwamm darüber! Außerdem ist es ja noch mal gut gegangen. Wir konnten aus den Spuren sehen, dass der Dieb von der Straße her kam, zum Baum ging, das Vögelchen stahl und wieder zurück zur Straße ging. Dort im Straßenstaub haben wir Reifenspuren von einem LKW gefunden. Das ist alles, was wir bisher wissen. Und nun denkt einmal nach – habt ihr in den letzten Tagen irgendetwas Verdächtiges gesehen?«

Die Kinder dachten nach, sie erzählten dies und erzählten das, aber einen kleinen Mann mit großen Schuhen und einem weißen Pullover hatte keines gesehen.

»Was sollen wir denn nur machen, Onkel Volkspolizei?«, fragte Sonja fast verzweifelt.

»Wie sollen wir denn jemals herauskriegen, wer der Dieb war und wo der das Vögelchen hingeschleppt hat?«

»Durch Nachdenken, Kinder«, sagte Hauptwachtmeister Löffelholz. »Wir wollen erst mal rausknobeln, warum der Dieb überhaupt das Vögelchen gestohlen hat. Man nennt das: den Grund der bösen Tat suchen.«

»Vielleicht wollte er es immer singen hören«, rief Bärbel.

»Ich glaube nicht, dass ein Mensch, der sich an dem schönen Gesang erfreuen kann, so schlecht ist, dass er das Vögelchen stiehlt«, sagte Frau Rasselbusch.

»Das glaube ich auch nicht«, sagte Hauptwachtmeister Wiesel.

»Ja, aber, zum Kuckuck, warum hat er es denn gestohlen?«, rief Sonja und fing vor Aufregung an, in der Nase zu bohren.

»Es gibt nur eine Möglichkeit«, sagte Hauptwachtmeister Löffelholz. »Der Dieb hat das Vögelchen gestohlen, um es in irgendeiner Stadt auf dem Rummelplatz auszustellen und dafür Eintrittsgeld zu verlangen.«

»Pfui Spinne«, rief Bärbel empört, »so eine Gemeinheit!«

Auch die anderen Kinder riefen alle »Pfui«.

»Wir müssen uns also erkundigen«, sagte Hauptwachtmeister Wiesel, »in welcher Stadt jetzt oder in den nächsten Tagen ein Rummel ist. Dazu müssen wir ins Haus Allwissend fahren.« Damit wollte er sich von den Wochenheimern verabschieden. Aber Hauptwachtmeister Löffelholz hielt ihn zurück.

»Wäre es nicht gut, wenn zwei, drei Kinder mit uns kämen?«, fragte er. »Die Kinder kennen das Vögelchen doch besser als wir und könnten uns helfen, es zu entdecken.«

»Mitkommen, mitkommen!«, schrien die Kinder. Es war ein Höllenspektakel. Die Volkspolizisten wurden blass und hielten sich die Ohren zu. Da hob Frau Rasselbusch die Hand und im Nu waren selbst die ärgsten Schreihälse still.

»Die drei besten Wochenheimer dürfen mit«, sagte Frau Rasselbusch. Aber welche waren denn die drei Besten? Es war wirklich eine schwere Wahl.

»Wer macht denn immer am besten Pionier vom Dienst?«, fragte Hauptwachtmeister Wiesel.

»Sonja«, sagte Frau Rasselbusch, »und Sonja hat auch sehr gute Augen.«

»Aber dafür bohrt sie immer in der Nase«, rief ein Junge. Sonja bekam einen roten Kopf, denn dieser Fehler war nicht zu leugnen.

»Und wer wäscht sich immer am saubersten?«, fragte Hauptwachtmeister Löffelholz.

»Das ist der Lutz«, sagte Tante Erna, »und der ist auch kräftig und tapfer.«

»Aber der will immer allen einen Schwinger verpassen«, rief Bärbel schnell.

»Du kriegst auch gleich einen«, schrie Lutz und drohte mit der Faust.

»Und wer hilft immer am besten den Kleineren und Schwächeren?«, fragte Hauptwachtmeister Wiesel.

»Das ist die Bärbel«, sagte Frau Rasselbusch, »und die hat auch ganz scharfe Ohren.«

»Aber die ist immer so frech und ruft einem Namen nach«, sagte Lutz.

»Ich glaube, ein Kind ohne Fehler finden wir überhaupt nicht, und die Zeit drängt«, sagte Hauptwachtmeister Löffelholz. Er wandte sich an Frau Rasselbusch. »Dürfen wir also Sonja, Lutz und Bärbel mitnehmen?«, fragte er.

»Ja«, sagte Frau Rasselbusch. »Ihr passt doch gut auf die Kinder auf, nicht wahr?«

»Natürlich!«, versprachen die Volkspolizisten.

Die drei Kinder riefen »Hurra«, stürzten zum Wagen, stiegen hinten ein und los ging die Fahrt. Hauptwachtmeister Löffelholz lenkte. Während das Auto dahinsauste, tutete die Tute ununterbrochen tatüü-tatüü-tatüü-tatüü!

»Diese Tute heißt Martinshorn«, sagte Hauptwachtmeister Wiesel, »und wenn sie ertönt, muss jedes Fahrzeug sofort zur Seite fahren, damit wir ungehindert flitzen können.« Das Auto flitzte nun wirklich fast so schnell wie eine Mondrakete. Die Mauern, Haustüren, Fensterläden und Geschäftsauslagen links und rechts der Straße verflossen zu einer einzigen glitzernden und flimmernden Wand. Dann stoppte das Auto vor einem mächtigen, vielstöckigen Haus.

»Das ist das Haus Allwissend«, sagte Hauptwachtmeister Löffelholz. »Nun kommt mit!« Sie gingen über sieben Treppen und durch sieben Korridore und traten schließlich in die siebte Tür. Sie kamen in einen riesigen Raum, in dem nur Kästen standen, sieben mal siebenhundertsiebenundsiebzig Kästen, und zwischen diesen Kästen spazierte ein Herr in grauem Anzug. »In diesen Kästen steht alles, was wir wissen wollen«, erklärte Hauptwachtmeister Wiesel den Kindern. »Da stehen alle Namen von allen Menschen unseres Landes drin und wo jeder wohnt und wie viel Kinder er hat und jedes Geschäft und jede Laube und jedes Kino und jedes Wochenheim und auch jeder Rummel.«

»Steht da auch drin, wer der Dieb ist?«, fragte Sonja.

»Leider nein, das müssen wir schon selber herauskriegen«, sagte Hauptwachtmeister Wiesel. Hauptwachtmeister Löffelholz war unterdessen zu dem Herrn im grauen Anzug getreten und hatte gefragt, in welchen Städten jetzt gerade ein Rummel abgehalten würde.

Der Herr im grauen Anzug öffnete einen Kasten, über dem ein großes R stand, zog ein Blatt aus Kartonpapier heraus und sagte: »In Butterberg, Milchhof und Semmelshausen.«

»Butterberg!«, rief Hauptwachtmeister Wiesel. »Die Straße, auf der der LKW gestanden hat, führt geradewegs nach Butterberg!«

»Auf nach Butterberg!«, riefen die Kinder. Hauptwachtmeister Löffelholz ließ sich ein Blatt aus dem Kasten geben. Dann stiegen sie ins Auto, und wieder flitzten sie dahin, am Kinderheim vorbei, mit unvorstellbarer Geschwindigkeit. Während Hauptwachtmeister Löffelholz den Wagen steuerte, drückte Hauptwachtmeister Wiesel auf eine Taste und sagte: »Hier Toni vier – hier Toni vier – Leitstelle, bitte melden – Leitstelle, bitte melden!« Und da tönte es plötzlich von der Decke des Wagens: »Hier Leitstelle – was gibt es denn?« – »Das wunderbunte Vögelchen vom Kinderheim Käsebrot ist gestohlen worden«, sagte Hauptwachtmeister Wiesel. »Die Spuren weisen nach Butterberg. Wir befinden uns auf dem Weg dorthin.« – »Danke«, sagte es von der Decke herunter. »Wir geben sofort Signal nach überall durch.«

»Seit wann können Autodächer denn sprechen?«, fragte Sonja.

»Dort ist ein Telefon eingebaut«, antwortete Hauptwachtmeister Wiesel. »Ich habe gerade mit meinem Kommandeur gesprochen. Er teilt jetzt allen Volkspolizisten in unserem Land mit, dass euer

Vögelchen gestohlen worden ist und dass sie aufpassen müssen, ob es irgendwo auftaucht.«

»Aha«, sagte Sonja, »und was ist Toni vier?«

»So heißt unser Wagen«, sagte Hauptwachtmeister Wiesel. »Jeder Polizeiwagen hat einen eigenen Namen.«

»Und was ist ein Kommandeur?«, fragte Sonja.

»Das ist für uns dasselbe wie Frau Rasselbusch für euch«, sagte Hauptwachtmeister Wiesel.

Er hatte gerade zu Ende gesprochen, da schrie Sonja aufgeregt: »Halten, halten, sofort halten!« Hauptwachtmeister Löffelholz trat auf die Bremse. Die Räder kreischten wild; der Wagen machte einen Bocksprung. Die Kinder flogen durcheinander. Sonja aber zeigte aufgeregt hinaus und rief: »Da – da ein kleiner Mann mit weißen Ärmeln – dort – mitten auf der Straße!« Die Volkspolizisten sahen hin.

»Aber Sonja, das ist doch ein Verkehrspolizist«, sagte Hauptwachtmeister Löffelholz und schüttelte den Kopf. Lutz und Bärbel sahen einander an und schüttelten ebenfalls den Kopf.

Da kam der Verkehrspolizist auch schon herangerannt. »Ist etwas passiert?«, rief er dabei.

»Nein, nur eine kleine Verwechslung«, sagte Hauptwachtmeister Wiesel.

Hauptwachtmeister Löffelholz wollte gerade wieder auf das Gaspedal treten, da rief Bärbel aufgeregt und zeigte nach der anderen Seite: »Dort – dort – dort – ein kleiner Mann mit weißer Jacke!« Die Volkspolizisten sahen hin.

»Aber Bärbel, das ist doch ein Bäcker«, sagte Hauptwachtmeister

Löffelholz und schüttelte den Kopf. Lutz und Sonja sahen sich an und schüttelten auch den Kopf, aber Bärbel gab nicht so schnell nach. »Und warum konnte das nicht der Bäcker gewesen sein?«, fragte sie.

»Dann hätten wir Mehlstaub auf dem Baum gefunden und keine Baumwollfäden«, sagte Hauptwachtmeister Wiesel. Das musste Bärbel zugeben.

Hauptwachtmeister Löffelholz startete, und Lutz boxte den beiden Volkspolizisten vor ihm freundschaftlich links und rechts in die Seite und sagte: »Immer die Weiber! Wären wir Männer mal lieber unter uns geblieben, was?« Dann fuhren sie wieder an und im Nu waren sie in Butterberg. Und tatsächlich, auf dem Markt von Butterberg war ein großer Rummel aufgebaut: Die Schiffe der Luftschaukeln schwangen sich kühn in die Höh';
Karussells wirbelten mit ihren Pferden, Elefanten und Feuerwehrautos im Kreis; Schießbuden, Wurststände, Akrobatenzelte, Limonadenkioske und Spielzeugläden standen in langen, bunten Reihen und darüber erhoben sich die blitzende Kurve der Berg-und-Tal-Bahn und die himmelhohe, gondelbehangene Trommel des Riesenrades. Alle Farben der Welt blinkten um die Wette; die Luft dröhnte vom Drehorgel-

spiel und fröhlichen Gelächter und über allem schwebte der vanillesüße Duft himbeerfarbener Zuckerwatte. Die Volkspolizisten hielten an einer ruhigen Ecke, nahe am Zuckerwattestand.

»Au, wie fein das hier ist!«, rief Bärbel begeistert und klatschte in die Hände.

»Wir können uns aber jetzt noch nicht vergnügen«, sagte Hauptwachtmeister Löffelholz.

»Wir müssen erst unser Vögelchen gefunden und den Dieb gefangen genommen haben.« Lutz hatte kaum das Wort »Dieb« gehört, da spannte er seinen Armmuskel an und machte eine Faust.

»Einen Schwinger genau aufs Kinn, ich weiß schon«, sagte Hauptwachtmeister Wiesel.

»Genau!«, bestätigte Lutz.

»Zuerst aber überlegen«, sagte Hauptwachtmeister Löffelholz zu Hauptwachtmeister Wiesel. »Ich habe hier eine Aufstellung sämtlicher Buden dieses Rummels vom Haus Allwissend mitgebracht, die müssen wir einmal durchsehen.« Die Volkspolizisten gaben jedem Kind zwanzig Pfennig und sagten: »Kauft euch da drüben Zuckerwatte und dann wartet am Wagen. Rennt aber ja nicht weg – und sagt vor allen Dingen niemandem, warum wir hier sind, sonst ist der Dieb sofort gewarnt und geht türmen.«

»In Ordnung!«, versprach Bärbel mit einer großartigen Geste. Die Kinder kletterten aus dem Wagen und kauften sich Zuckerwatte. Bärbel und Sonja nahmen eine große Portion für zwanzig Pfennig; Lutz eine kleine Portion für zehn Pfennig. Dann gingen sie zuckerwatteschleckend zum Wagen zurück und warteten. Die beiden Volkspolizisten studierten ihre Liste durch. Es dauerte und dauerte. Lutz kroch in den Wagen und legte sich hin, um ein Nickerchen zu machen, denn er war schon wieder müde.

Bärbel aber sagte zu Sonja: »Weißt du was, wir könnten unterdessen auch ein paar Fußspuren ausgießen, vielleicht finden wir da schon den Dieb.«

»Au fein!«, sagte Sonja und bekam vor Freude rote Backen. Die beiden holten leise, ganz leise das Säckchen mit dem Gipspulver aus dem Wagen. Dann ging Bärbel zu einer Schießbude und sagte, wobei sie ihre Stimme so tief wie möglich machte: »Ich komme von der Volkspolizei, Abteilung Toni vier, geben Sie mir bitte einen Eimer mit Wasser.«

»So«, sagte die Schießbudenfrau, »was sind Sie denn bei der Volkspolizei?«

»Ich bin Hauptwachtmeister«, sprach Bärbel und streckte die Brust raus. »Wir sind ganz geheim hier, es darf keiner erfahren.« Die Schießbudenfrau verkniff sich das Lachen. Schnell räumte sie die Gewehre zur Seite, damit kein Unglück geschehe, und dann holte sie vom Rummelbrunnen einen Eimer Wasser.

»Hier, Frau Hauptwachtmeister!«, sagte sie. Die beiden Mädchen rührten Gipsbrei an, den ganzen Eimer voll, und dann gossen sie den Brei mit Schwung über die Straße.

»Nein, was ist denn das für ein Dreck?«, fragte verwundert eine Frau, die gerade vorüberging. Der Gipsbrei umfloss ihre Füße. Plötzlich schrie sie auf. Der Gips war nämlich im Nu eingetrocknet und die Frau steckte mit beiden Schuhen fest in der harten weißen Gipsmasse und konnte nicht mehr vorwärts und nicht mehr rückwärts.

»Hilfe!«, zeterte sie, »Hilfe, zu Hilfe, man klebt mich fest! Räuber, Diebe, Halunken, Verbrecher, Hilfe, zu Hilfe!« Von allen Seiten strömten die Leute zusammen und mussten lachen, so komisch sah die an den Schuhen festgeklebte Frau aus. Nun begann sie gar, mit den Händen an ihren Beinen zu zerren, um aus dem Gips herauszukommen. Alles lachte, nur die beiden Mädchen lachten nicht. Der Schreck war ihnen in die Glieder gefahren. Sie kletterten schnell in den Wagen, aus dem nun die Volkspolizisten, die das Hilfeschreien natürlich gehört hatten, heraussprangen.

»Ach herrje!«, sagten die Volkspolizisten, als sie die Bescherung sahen. Die festgeklebte Frau rief pausenlos weiter um Hilfe, wobei sie abwechselnd an ihren Beinen zerrte und mit den Händen durch die Luft ruderte.

»Das ist doch die Frau, die immer nach Ruhe schreit, wenn wir unsere Lieder singen«, sagte ein Jungpionier. »Das geschieht ihr recht!« Die Volkspolizisten mussten natürlich helfen. Schnell holte Hauptwachtmeister Löffelholz einen Hammer aus dem Auto. Dabei warf er den beiden Mädchen einen wütenden Blick zu. Dann zerklopfte er mit dem Hammer vorsichtig den Gips rund um den Schuh der festgegipsten Frau. Endlich kam sie frei.

»Entschuldigen Sie vielmals, ein kleines Missverständnis«, sagte Hauptwachtmeister Wiesel zur Frau.

»Schönes Missverständnis, schönes Missverständnis!«, zeterte die Frau wütend. »Schönes Missverständnis, von aller Welt ausgelacht zu werden! Und die Schuhe müssen Sie mir auch bezahlen, die müssen Sie mir auch bezahlen! Überall klebt dieses Teufelszeug noch dran.«

»Wir bezahlen Ihnen natürlich alles«, sagte seufzend Hauptwachtmeister Löffelholz und zog einen Geldschein aus der Brieftasche. Die Frau riss ihm das Geld aus der Hand und eilte weg. Die Menge verlief sich. Die Volkspolizisten kletterten in den Wagen zurück, wo schuldbewusst die Mädchen kauerten.

»Was machen wir denn jetzt mit euch?«, rief Hauptwachtmeister Wiesel mit furchtbarer Stimme.

Sonja legte schon den Finger an die Nase.

»Zurück nach Käsebrot schicken!«, rief Hauptwachtmeister Löffelholz mit nicht minder furchtbarer Stimme und spuckte sich in die Hände.

»Wir wollen das nicht wieder tun, bloß schickt uns nicht zurück«, bat Sonja, der schon die Tränen über die Bäckchen zu kullern begannen.

»Wir wollten euch doch nur helfen«, sagte Bärbel, »bitte, bitte, lasst uns bleiben!«

»Am besten wäre es ...«, begann Lutz, und Hauptwachtmeister Wiesel setzte fort: »... beiden einen Schwinger zu verpassen.«

»Genau!«, sagte Lutz.

»Das wollen wir nicht tun«, erwiderte Hauptwachtmeister Löffelholz. »Aber wir wollen eine große Lehre daraus ziehen. Hier kann nicht jeder nach seinem Kopf handeln, selbst wenn er helfen will. Ihr bekommt bald eine Aufgabe, Kinder. Wir müssen alles gemeinschaftlich tun und gemeinschaftlich beraten, verstanden?«

»Jawohl«, sagten die Kinder.

»Also dann: Schwamm drüber!«, sagte Hauptwachtmeister Wiesel, und Hauptwachtmeister Löffelholz fügte hinzu: »Wir sind gleich fertig, Kinder. Bleibt nun um Himmels willen im Wagen und benehmt euch vernünftig.«

Die beiden Mädchen nickten. Lutz aber stieg aus und sagte: »Ich habe noch zehn Pfennig, ich geh mir noch ein bisschen Zuckerwatte holen.«

»Aber nicht weiter gehen und gleich wiederkommen!«, sagten die beiden Volkspolizisten.

»Na klar«, erwiderte Lutz und ging zum Zuckerwattezelt. Dort musste er anstehen. Während er in der Schlange stand, gingen ihm die Worte des Hauptwachtmeisters Wiesel über die Gemeinschaftsarbeit durch den Kopf. Warum soll das eigentlich nicht auch einer allein schaffen können?, dachte er. Er malte sich aus, wie wunderbar das wäre, wenn er allein das Vögelchen befreien könnte. Da würden die Mädchen aber staunen und Frau Rasselbusch würde ihm gewiss ein großes Lob geben und Tante Erna sicher eine Extraportion Schokoladenpudding mit Schlagsahne. Und die Volkspolizisten erst, und Vati und Mutti und Onkel und Tante und Oma und Opa – wie würden die staunen! Schließlich würde sogar sein Foto in der Zeitung von Käsebrot, den »Käsebroter Neuesten Nachrichten«, abgedruckt werden! Ein kleines bisschen umsehen könnte ich mich ja, anstatt hier anzustehen, dachte Lutz; ich will nur mal ein Stück die Straße hinuntergehen und nachschauen, ob ich nicht irgendwo einen kleinen Mann mit weißem Baumwollpullover sehe. Vielleicht entdecke ich doch ganz allein das Vögelchen. Gedacht, getan. Lutz trat aus der Schlange heraus und schlenderte langsam die Budenstraße hinab, an Drachenbaustationen, Eishallen, Luftballonverkäufern und

Würfelbuden vorbei, bis zu einem großen, grün angestrichenen Zelt, dessen Vorderfront grellbunt mit Tigern, Haifischen, Riesenschlangen, Krokodilen, Vogelspinnen und Lämmergeiern bemalt war. Zu dem Zelt führten einige Holzstufen, deren oberste sich zu einer Art Plattform verbreiterte, und auf dieser Plattform stand, in einen langen schwarzen Mantel gehüllt, ein Mann und lud die Vorübergehenden zum Besuch seiner Vorführung ein.

»Herrrreinspaziert, herrrreinspaziert, verehrtes Publikum!«, rief er dabei. »Hier sehen Sie den größten Zauberer der Welt, den berühmten Zauberer Sassafraß! Herrrreinspaziert, herrrreinspaziert, heute die größte Zaubersensation aller Zeiten, die herrlichste Zaubernummer der Welt!« Er nahm seinen Zylinderhut in die Hand und drehte ihn nach allen Seiten. »Hinten nichts, vorne nichts, oben nichts, unten nichts!«, rief er aus und zeigte den leeren Zylinderhut. Dann pochte er mit dem Zauberstab dreimal auf den Zylinderhut, sagte: »Simsalabim, samsilibam!«, und zog plötzlich aus dem leeren Zylinderhut ein Kaninchen heraus.

»Aah«, machten die Leute und klatschten. Lutz trat ganz dicht an die Stufen vor dem Zelt.

»Herrrreinspaziert, herrrreinspaziert zum Zauberer Sassafraß, dem größten Zauberer der Welt!«, rief der Zauberer. Dabei drehte er sich im Kreise, und Lutz, der fast unter ihm stand, sah einen Augenblick des Zauberers linke Schuhsohle.

»Da ist aber ein dicker Flicken drauf«, sagte Lutz vor sich hin, als er die Schuhsohle sah. Er hatte aber keine Zeit, weiter darüber nachzudenken, denn der Zauberer griff jetzt mit der leeren linken Hand in die Luft und hielt plötzlich eine rote Kugel zwischen den Fingern, dann griff er mit der leeren Rechten in die Luft und holte eine blaue Kugel aus dem Nichts, und dann nahm er die rote und die blaue Kugel in die Linke, drückte die Hand zusammen, sagte »Simsalabim, samsilibam«, öffnete die Hand – und die Kugeln waren verschwunden.

»Aaah«, machten die Leute und drängten sich aufs Podest zur Kasse. Lutz allerdings war es so vorgekommen, als ob sich der Zauberer die Kugeln in den Ärmel geschoben hätte. »Nach rechts zum Zuschauerraum, bitte«, sagte der Zauberer. »Herrrreinspaziert zur Zauberschau, die Vorstellung beginnt in einer halben Minute!« Die Menschen strömten durch den rechten Eingang ins Zelt. Der Zauberer ging durch den Eingang links von der Kasse.

Lutz wollte gerade kehrtmachen und zum Wagen zurückgehen, da dachte er plötzlich, dass ihm der Zauberer doch helfen könnte, das Vögelchen zurückzuholen: Wenn er der größte Zauberer der Welt war, dann brauchte er es doch einfach nur herzuzaubern! Gedacht, getan. Lutz eilte die Stufen zum Zelt hinauf und trat durch die linke Tür, durch die der Zauberer auch gegangen war. Sie führte nicht in den Zuschauerraum, sondern in einen kleinen Raum hinter der Bühne. Dort befanden sich der Zauberer und seine Frau. Sie saßen auf roh gezimmerten Hockern an einem rohgezimmerten Tisch, auf dem ein verhangener Kasten stand. An der Wand hingen blitzende Geräte: Spiegel und Dosen, Drähte und Ringe und eine riesige Pistole. Der Zauberer sah auf, als Lutz eintrat.

»Eingang zum Zuschauerraum nächste Tür«, knurrte er.

Lutz aber blieb stehen. »Guten Tag, Onkel Sassafraß«, sagte er höflich. »Ich heiße Lutz Müller und komme aus dem Kinderheim von Käsebrot. Ein böser Dieb hat unser wunderbuntes Vögelchen gestohlen. Bitte, bitte, Onkel Sassafraß, hilf uns doch und zaubere das wunderbunte Vögelchen wieder her!«

»Komm näher, komm näher, mein Söhnchen!«, sagte der Zauberer. Lutz wurde ängstlich zumute, aber er überwand seine Angst und trat an den Tisch. Da lachte der Zauberer plötzlich schrill auf. »Du glaubst also«, sagte er, »du glaubst also, ich brauche nur zu sagen: ›Simsalabim, samsilibam‹, und dann macht es piep, und das Vögelchen ist wieder da.«

»Ja«, sagte Lutz freudig, und in diesem Augenblick machte es auch wirklich piep. Im Kasten auf dem Tisch rüttelte etwas, das Tuch fiel herunter und zum Vorschein kam ein blitzender Käfig und in dem blitzenden Käfig saß das wunderbunte Vögelchen und starrte selig mit seinen purpurnen Äuglein auf Lutz.

»Danke, du lieber, guter Zauberer«, wollte Lutz gerade sagen, da erstarb ihm das Wort im Mund. Der Zauberer, ein kleiner Mann, hatte mit einem Ruck seinen schwarzen Mantel abgeworfen und stand nun in einem weißen, eng anliegenden Baumwolltrikot da und streckte die Hände nach dem Jungen aus. Der schrie auf und wollte zurückspringen, da hatte ihn schon des Zauberers Frau gefangen und festgehalten, und der Zauberer hatte schon seine Hand auf den Mund des Jungen gedrückt, dass dieser nicht mehr schreien konnte. Oh, hätte ich doch auf die Volkspolizisten gehört, dachte Lutz in rasender Angst, das hab ich nun davon, das hab ich nun davon! Während er das dachte und sich verzweifelt zu befreien versuchte, fühlte er schon, wie er gefesselt wurde.

»Dummer Bengel!«, knurrte der Zauberer dabei, »dummer Bengel! Uns die Volkspolizei auf den Hals hetzen! Heute noch fahren wir in ein anderes Land, wo die Polizei nicht nach so einem dummen Vogel fragt, und du kommst mit, mein vorwitziges Bürschlein! Wirst jetzt auf meinen LKW geladen und in einer Stunde geht die Reise los. Sollst für mich arbeiten, sollst aufwaschen und sauber machen und Schuhe putzen und das Zelt aufbauen und abbauen – und wenn du schön fleißig und gehorsam bist, dann darfst du mir beim Zaubern helfen und wirst vielleicht auch einmal ein ganz berühmter Zauberer.«

Lutz wehrte sich mit aller Kraft; er strampelte und versuchte, dem Zauberer in die Finger zu beißen, aber es half ihm nichts. Der Zauberer schnürte ihn mit Stricken ein, dann band er ihm eine schwarze Binde vor die Augen, und während der Zauberer ihm den Mund zuband, hörte Lutz, der nun nichts mehr sehen konnte, plötzlich einen wütenden Schrei des Zauberers, und dann wurde ihm ein Sack über den Kopf gezogen, und dann hörte er auch nichts mehr.

Unterdessen warteten die Volkspolizisten und die Mädchen auf Lutz. Die Volkspolizisten hatten das Verzeichnis der Rummelplatzbuden nun durchgesehen. »Schaubuden mit merkwürdigen Tieren, Zirkusse oder dergleichen gibt es hier nicht«, sagte Hauptwachtmeister Löffelholz. »Wer aber könnte sonst noch ein Interesse an einem wunderbunten Vögelchen haben?«

»Vielleicht ein Zauberer«, erwiderte Hauptwachtmeister Wiesel, »es ist natürlich eine tolle Überraschung, wenn er plötzlich anstatt eines üblichen Kaninchens oder einer üblichen Taube ein so wunderbuntes Vögelchen aus seinem Zylinderhut holt.«

»Richtig!«, sagte Hauptwachtmeister Löffelholz. »Also sehen wir uns mal die Zauberbuden an. Es gibt hier drei: der Zauberer Ulewuppdich, der Zauberer Pflaumenmus und der Zauberer Sassafraß. Am besten, wir teilen uns auf!«

»Gut«, sagte Hauptwachtmeister Wiesel, »ich gehe zuerst mit der Sonja zum Ulewuppdich und du gehst mit der Bärbel und dem Lutz zum Pflaumenmus. Das wird etwa eine Stunde dauern. Dann treffen wir uns wieder hier und gehen beide zum Sassafraß. Einverstanden?«

»Einverstanden!«, antwortete Hauptwachtmeister Löffelholz.

»Aber, zum Kuckuck, wo bleibt denn der Lutz?« Bärbel konnte es sich nicht verkneifen, leise »Lutz, Lutz, Nichtsnutz!« zu sagen.

Die Volkspolizisten sahen nach dem Zuckerwatteladen. Lutz war nicht da. Sie suchten ihn in anderen Buden. Lutz blieb verschwunden.

»Das ist ja zum Verrücktwerden!« Hauptwachtmeister Löffelholz stöhnte. »Jetzt können wir erst mal den Jungen suchen.«

»Wir haben schuld, wir hätten ihn nicht aus dem Auto lassen dürfen«, sagte Hauptwachtmeister Wiesel.

»Natürlich immer die Jungs!«, sagte Sonja ärgerlich, und Bärbel wiederholte: »Lutz, Lutz, Nichtsnutz!« Aber davon kam Lutz natürlich nicht zurück.

Sonja wollte schon wieder anfangen zu weinen, da rief Bärbel plötzlich: »Still – ich höre etwas!« Alle standen mucksmäuschenstill, und Bärbel spitzte ihre scharfen Ohren so sehr, dass sie zu wackeln begannen. »Da – unser Vögelchen«, rief sie aus, »ich höre sein Piepsen – so kann nur unser Vögelchen piepsen!« Sofort richtete Sonja ihre scharfen Äuglein zum Himmel und spähte. Plötzlich griff sie nach der Hand des Hauptwachtmeisters Wiesel. Hoch in der Luft sah sie einen wunderbunten Punkt schweben. »Das Vögelchen, unser Vögelchen«, jubelte sie und sprang herum und warf die Hände hoch. Da musste das Vögelchen sie auch erkannt haben, denn es schoss wie ein Pfeil herunter und landete mitten auf der grünen Dienstmütze des Hauptwachtmeisters Löffelholz.

»Vögelchen, liebes Vögelchen!«, riefen Sonja und Bärbel und lachten und streichelten sachte, ganz sachte das vollmondgelbe Federkleid über dem feuerroten Bäuchlein und dem seerosengrünen Schwänzchen des wunderbunten Vögelchens.

»Pip pip pip pieperipluplu trillilirelapiep pilitrili pip pip pip«, sagte das Vögelchen ganz aufgeregt und atemlos. In der Menschensprache hieß das: »Schnell, schnell, euer Freund ist in Gefahr! Während der böse Zauberer ihn fesselte, konnte ich mich, ohne dass er es merkte, mit aller Kraft durch das Käfiggitter zwängen und so entkommen. Schnell, schnell, schnell!« So sagte das Vögelchen, aber die Menschen verstehen die Tiersprache nicht.

»Ach, wenn wir dich doch verstehen könnten, Vögelchen«, sagte darum Hauptwachtmeister Wiesel seufzend.

»Hast du irgendwo unsern Lutz gesehen?«, fragte Bärbel. Aber das Vögelchen verstand ja die Menschensprache so wenig wie die Menschen die Vogelsprache. So stand alles ratlos im Kreis. Da hatte Bärbel eine gute Idee. Sie drehte ihr Haar zum Schopf, wie ihn Lutz trug, und spannte den Armmuskel und ballte die Faust, wie Lutz es immer zu tun pflegte. Dabei sah sie das Vögelchen fragend an und das kluge Tierchen verstand. Es nickte lebhaft mit dem Köpfchen, dann löste es sich von der grünen Dienstmütze des Hauptwachtmeisters Löffelholz und flog, immerfort piepsend, langsam die Budenstraße hinunter.

»Kommt mit, es führt uns!«, rief Hauptwachtmeister Wiesel, und sie liefen.

Die Leute auf der Straße blieben stehen und klatschten in die Hände. So etwas Seltsames hatten sie noch nie gesehen: vorneweg ein wunderbuntes, ständig »papü papü papü« piepsendes Vögelchen, das langsam die Budenstraße hinunterflog, und hinter ihm zwei Volkspolizisten, ein großer und ein kleiner, mit je einem zuckerwattebekleckstem Mädchen an der Hand.

»Das ist aber heute ein schöner Rummel!«, rief ein Kind begeistert. Vor dem Zauberzelt hielt das Vögelchen und piepste laut. Die Volkspolizisten traten schnell durch den linken Eingang in den Raum hinter der Bühne ein. Die Mädchen folgten ihnen mit viel Neugier und nicht weniger Angst. Der Zauberer war allein. Er hatte seinen langen schwarzen Zaubermantel übergezogen, hielt seinen schwarzen Zauberstab in der Hand, hatte seinen schwarzen Zylinderhut auf dem Kopf und wollte gerade die Bühne betreten.

»Was wollen Sie?«, knurrte er die Volkspolizisten an.

Das Vögelchen flatterte heran und der Zauberer warf ihm einen wütenden Blick zu.

»Volkspolizei!«, sagte Hauptwachtmeister Wiesel und zeigte einen Ausweis. »Wir hätten ein paar Fragen an Sie zu richten.«

»Später, jetzt muss ich auf die Bühne«, entgegnete der Zauberer Sassafraß und wollte an den Volkspolizisten vorbei auf die Bühne.

Aus dem Zuschauerraum hörte man auch schon Rufe: »Anfangen, anfangen, anfangen!«

»Immer mit der Ruhe«, beschwichtigte Hauptwachtmeister Löffelholz. Er zeigte auf das Vögelchen. »Ist Ihnen dieses Vögelchen bekannt?«, fragte er.

»Nie gesehen«, knurrte der Zauberer.

»Trillilülülüp!«, schmetterte zornig das Vögelchen.

»Der lügt ja«, flüsterte Bärbel entrüstet und ängstlich zugleich.

»Haben Sie einen fünfjährigen Jungen namens Lutz gesehen?«, fragte Hauptwachtmeister Wiesel. »Einen kleinen, flachsblonden, rotbäckigen Jungen?«

»Nie gesehen«, knurrte der Zauberer durch die Zähne. »Nu lassense mich endlich auf die Bühne, die Leute laufen mir ja fort.«

»Was haben Sie denn unter dem schwarzen Mantel an?«, fragte Hauptwachtmeister Löffelholz.

»Ein weißes Baumwolltrikot«, sagte der Zauberer, »das brauche ich zum Zaubern. Es schaut aus, als ob es der nackte Arm wäre, aber ich kann verschiedene Sachen darunterschieben. Sehen Sie, hier zum Beispiel!« Er fuhr mit der rechten Hand über den linken Ärmel und holte eine rote und eine blaue Kugel hervor. »Hier, bitte, sehen Sie!«, sagte er.

Die Mädchen wunderten sich, warum der Sassafraß plötzlich so höflich war und Zeit hatte. Während sie auf die Kugeln schauten, langte Sassafraß heimlich nach der riesigen Pistole an der Wand. Aber Hauptwachtmeister Wiesel kam ihm zuvor.

»Die Pistole borgen Sie mal uns«, sagte er. »Und jetzt heben Sie den Fuß hoch.« Wütend hob der Zauberer den rechten Fuß. »Den linken«, befahl Hauptwachtmeister Löffelholz. Der Zauberer hob zögernd den linken Fuß. Auf der Sohle war ein dickes Stück Flickleder. Da haben wir ja den Halunken, wollte Sonja sagen, aber Hauptwachtmeister Löffelholz stieß sie heimlich an und legte den Zeigefinger quer über die Lippen.

»Die letzte Frage«, sagte Hauptwachtmeister Wiesel. »Besitzen Sie einen LKW?«

Jetzt begann der Zauberer zu schlucken und trommelte mit den Fingern auf dem Tisch.

Da dröhnte es vom Zuschauerraum wieder: »Anfangen, anfangen, endlich anfangen!«

»Ich muss wirklich auf die Bühne«, schrie Sassafraß.

»Beantworten Sie bitte meine Frage!«, forderte Hauptwachtmeister Wiesel.

»Ja, ich besitze einen LKW«, sagte der Zauberer. »Aber der ist schon seit Tagen kaputt und zur Reparatur.«

»Trillilüplüülüpip«, schmetterte das Vögelchen.

»Soso!« Hauptwachtmeister Löffelholz wiegte nachdenklich den

Kopf. Dann sagte er freundlich: »Beginnen Sie nur mit der Vorstellung – ich will sie mir nämlich auch gerne ansehen.«

Der Zauberer betrat die Bühne, und Hauptwachtmeister Löffelholz setzte sich im Zuschauerraum auf einen Hocker, dicht neben dem Ausgang. Nachdem der Zauberer auf die Bühne gegangen war, sah sich Hauptwachtmeister Wiesel schnell in dem kleinen Raum um. Aber er fand keinen Ort, an dem der Junge hätte versteckt sein können.

»Der lügt doch wie geschmiert«, flüsterte Bärbel dem Volkspolizisten zu. »Warum habt ihr ihn denn nicht gleich eingesperrt?«

»Der kann uns nicht mehr entwischen«, sagte Hauptwachtmeister Wiesel. »Wir müssen ihn aber noch beobachten. Ich bin fest davon überzeugt, dass er mit dem Verschwinden von Lutz etwas zu tun hat.«

Sie gingen die Straße zurück. »Wenn wir doch fliegen könnten wie das Vögelchen«, sagte Hauptwachtmeister Wiesel, »da könnten wir von hoch oben den ganzen Rummel überblicken.«

Doch da riefen er und Sonja und Bärbel schon gleichzeitig aus: »Das Riesenrad!« Schnell liefen sie hin und stiegen ein. Das Vögelchen hatte sich wieder auf die grüne Dienstmütze des Volkspolizisten gesetzt. Langsam setzte sich das Rad in Bewegung, und die Gondel, in der die drei saßen, stieg höher und höher. Schon sahen sie weithin über den Rummelplatz mit seinen flatternden Fähnchen und flimmernden Lichtern. Kleiner und kleiner wurden die Buden und die Menschen, leiser die Leierkastenmusik und schwächer der Vanilleduft der Zuckerwatte, und schließlich, am höchsten Punkt des Riesenrades, sah der Rummel aus wie ein bunt strahlender Ameisenhaufen. Sosehr die drei aber auch spähten, es war kein Lutz zu sehen. Hauptwachtmeister Wiesel zog ein Fernglas heraus. Mit einem Male war alles auf dem Rummel wieder so nah gerückt, dass man glaubte, es mit den Händen greifen zu können. Dafür konnten sie nun nicht mehr den ganzen Rummel überblicken, sondern jedes Mal nur eine kleine Runde. Der Hauptwachtmeister suchte und suchte. Er sah viele Jungen: bonbonlutschende und bockwurstessende und ballwerfende und rutschbahnrutschende und luftballonsteigenlassende und luftrollerfahrende und sogar zwei sichboxende, aber kein Lutz war unter ihnen. Schon hatte die Gondel ihren Gipfelpunkt überstiegen und begann langsam wieder nach unten zu gleiten. Und kein Lutz zu sehen! Es war zum Verzweifeln!

Plötzlich aber sagte Sonja: »Da ist was Seltsames – eine Frau mit einem riesengroßen verschnürten Paket auf einem Handwagen.«

»Was interessiert uns denn diese Frau«, sagte Bärbel.

»Alles Auffällige muss uns interessieren«, erwiderte Hauptwachtmeister Wiesel und sah mit dem Fernglas in die Richtung, die Sonja angab. »Seltsam«, murmelte er vor sich hin, »was mag da nur drin sein? Und warum schaut sich die Alte dauernd um und warum schleicht sie so eng an die Budenwände gedrückt?«

»Das Paket ist ja genauso lang wie Lutz«, flüsterte Bärbel.

»Mensch – und jetzt hat es gezappelt«, fügte Sonja hinzu.

Ach, wie langsam ging ihnen die Abfahrt! Es war ihnen, als ob das Riesenrad wie eine Schnecke schliche. Alle zappelten vor Ungeduld, zu spät zu kommen, am meisten aber Bärbel.

»Wir springen einfach ab«, meinte sie.

»Und brechen uns einen Fuß und kommen dann erst recht zu spät«, sagte Hauptwachtmeister Wiesel. »Nur die Ruhe nicht noch im letzten Augenblick verlieren!« Endlich, endlich waren sie unten angelangt. Sie hüpften aus der Gondel und rannten an den Buden entlang, der Frau nach. Aber die Zauberfrau hatte einen großen Vorsprung. Schon war sie am Rand des Rummels und am Straßenrand stand eine großer LKW. Dorthin schob die Frau den Handwagen. Da hörte sie Schritte, wandte sich um und  erkannte den Volkspolizisten. Da ließ sie den Handwagen stehen und sprang auf den LKW. Hauptwachtmeister Wiesel aber machte seinem Namen Ehre. Er sprang mit einem einzigen ungeheuren Satz an dem Handwagen vorbei aufs Führerhaus des LKWs und riss die Frau, die den Wagen schon angelassen hatte, im letzten Moment herunter.

Unterdessen knoteten Sonja und Bärbel mit ihren flinken, geschickten Händen das verschnürte Paket auf. Zum Vorschein kam ein tränennasser Lutz.

»Im letzten Moment gerettet.« Bärbel seufzte erleichtert. »Genau wie im Märchen!« Sonja holte ihr Taschentuch und Lutz trocknete sich die Äuglein und die Bäckchen. Dann umarmten sich die Kinder und sprangen und tanzten.

»Ach, war ich ein Esel!«, sagte Lutz. »Nie wieder mach ich etwas aus Eigennutz!« Während die Kinder sprangen und tanzten, hatte Hauptwachtmeister Wiesel der Zaubererfrau mit einem stählernen Band beide Hände gefesselt. So konnte sie nur noch schimpfen, aber nicht davonlaufen. Als die Kinder die gefesselte Zaubererfrau sahen, da stutzten sie.

Schließlich verkündete Sonja: »Aber das ist ja die Frau, die wir eingegipst hatten!«

»Da hatten wir doch die Rechte erwischt«, rief Bärbel.

Hauptwachtmeister Wiesel aber sagte: »Schnell zurück zum Zaubererzelt, Kinder. Vielleicht braucht mein Kamerad Hilfe.« Sie gingen zurück.

Unterwegs berichtete Lutz, wie es ihm ergangen war, und dann fragte er: »Wie ist das eigentlich, Onkel Volkspolizei, kann so ein Zauberer wirklich zaubern?«

»Schmu macht der bloß«, erklärten die Mädchen, »mit einem weißen Trikot, darunter versteckt er alles.«

»Zaubern kann er natürlich nicht«, sagte Hauptwachtmeister Wiesel. »Das kann kein Mensch. Aber er hat sehr geschickte Hände und weiß viele Tricks und Kniffe. Schmu ist das nicht. Wenn ich meine Hände frei hätte, würde ich euch auch ein paar Tricks zeigen.«

»Kannst du denn auch zaubern, Onkel Volkspolizei?«, fragte Lutz verwundert. »Ein Volkspolizist muss alles können«, antwortete Hauptwachtmeister Wiesel.

Während sie so dahingingen, trafen sie eine Streife der Volkspolizei von Butterberg. Hauptwachtmeister Wiesel bat die Streife, die Zaubererfrau gleich mitzunehmen. Dann eilte er mit den Mädchen zum Zaubererzelt des Sassafraß zurück. Schon von Weitem hörten sie ein großes Gelächter und dazwischen ärgerliche Rufe. Sie schauten in das Zaubererzelt hinein. Es dröhnte vor Gelächter, Kinder pfiffen schrecklich schrill auf den Fingern und ein paar Jungen riefen »Buh!« und »Böh!«. Was war los? Der Zauberer war furchtbar aufgeregt, weil er sein schändliches Spiel durchschaut sah, und weil er so aufgeregt war, klappten seine Zauberkniffe nicht. Alles ging ihm daneben.

»Hier habe ich ein leeres Glas«, sagte er gerade, aber vor Aufregung ergriff er ein Glas, das bis zum Rande mit Wasser gefüllt war und zum Vertauschen mit dem leeren Glas bereitstand. »Sie sehen, das Glas ist völlig leer«, sagte Sassafraß und drehte zum Beweis das Glas um. Natürlich floss ihm das Wasser aus und lief den schwarzen Mantel hinunter. Wütend stellte der Zauberer das Glas zur Seite, dabei aber kippte er einen verdeckten Kasten um, und fünf Kaninchen sprangen heraus und rasten erschrocken unter die Zuschauerbänke. Die Kaninchen quiekten und die Zuschauer quietsch-

ten, nur Hauptwachtmeister Löffelholz saß wachsam auf seinem Platz und ließ den Zauberer nicht aus den Augen. »Jetzt verzaubere ich diesen Bleistift da«, sagte der Zauberer, ergriff aber statt des Bleistiftes einen schweren Krug. Alles lachte. Aber Hauptwachtmeister Löffelholz sah, wie Sassafraß den Krug in der Hand wog, und er packte unauffällig seinen Hocker. Da sprang der Zauberer auch schon vor, schleuderte den schweren Krug nach dem Volkspolizisten und sprang mit einem Satz hinter die Bühne, um zu entkommen.

Aber der Hauptwachtmeister war wachsam gewesen. Er hatte im Nu den Hocker erhoben und den Krug damit abgefangen, dann war er aus dem Zuschauerraum hinaus ins Freie gestürmt. Er hatte richtig gerechnet: Der Zauberer versuchte, durch die andere Tür auf die Straße zu entkommen. Doch da stand schon Hauptwachtmeister Wiesel, und auf seiner Dienstmütze saß das wunderbunte Vögelchen, und als das wunderbunte Vögelchen den Zauberer flüchten sah, flog es ihn mit wütendem Grimm an. Der Zauberer Sassafraß bekam einen Schreck, stolperte, trudelte die Stufen hinunter und landete direkt in den Armen des Hauptwachtmeisters Wiesel. Der griff mit eisernen Fäusten zu und der Zauberer war gefangen.

»Ab mit dem Kerl ins Gefängnis!«, sagten die beiden Volkspolizisten. Lutz aber trat vor den Zauberer Sassafraß, spannte den rechten Armmuskel und machte eine gewaltige Faust.

»Zuerst kriegt er einen Schwinger genau vor die Nase!«, rief er und wollte, in die Höhe springend, zuschlagen. Aber Hauptwachtmeister Wiesel fiel ihm in den Arm.

»Das gibt es nicht, Lutz«, sagte er. »Gefangene dürfen nicht geschlagen werden.«

»Auch solche bösen Menschen nicht?«, fragte Lutz ungläubig.

»Auch solche bösen Menschen nicht!«, erwiderte Hauptwachtmeister Löffelholz. »Wir stellen sie vor ein Gericht und dann sperren wir sie ein. Vielleicht werden sogar aus diesen Sassafraßen noch einmal gute Menschen.«

»Aus diesen da niemals«, behauptete Sonja.

»Vielleicht sogar aus diesen«, antwortete Hauptwachtmeister Wiesel. »Wir sind ein gutes Land, da ist das nicht unmöglich.« Dann lieferten sie den Sassafraß im Polizeihaus ab, wo schon seine Frau saß, und dann fuhren sie heim.

»Warum fahren wir denn jetzt nicht mit Tatüütatüü?«, fragte Sonja.

»Jetzt ist es nicht mehr nötig«, sagte Hauptwachtmeister Wiesel. »Jetzt haben wir ja unseren Auftrag ausgeführt und haben nun kein Vorrecht mehr vor den anderen Autofahrern, versteht ihr?«

»Ja«, sagte Bärbel, »und jetzt bekommt ihr sicher ein ganz großes Lob von eurem Kommandeur.«

»O nein«, widersprach Hauptwachtmeister Löffelholz, »jetzt werden wir sicher bestraft.«

»Waaaaas?«, riefen die Kinder wie aus einem Munde, und Bärbel tippte mit dem Finger an die Stirn und sagte empört: »Du willst mich wohl verkohlen, Onkel Löffelholz?«

»Mein Kamerad hat recht«, bestätigte Hauptwachtmeister Wiesel. »Wenn wir nach Hause kommen, werden wir sicher von unserem Kommandeur bestraft.«

»Nun verstehe ich überhaupt nichts mehr«, sagte Lutz.

»Ich will euch das erklären«, sagte Hauptwachtmeister Löffelholz. »Seht mal – dass wir den Verbrecher gefunden haben und das Vögelchen wieder zurückbringen, das gehört sich einfach für uns. Dazu sind wir ja da, um den guten Menschen zu helfen und den bösen das Handwerk zu legen. Deshalb dürfen wir auch den stolzen Namen Volkspolizei führen. Aber wir haben bei unserer Arbeit einen großen Fehler gemacht. Wir haben nicht genügend auf Lutz aufgepasst. So hat er einen furchtbaren Schreck bekommen und ist in große Gefahr geraten. Das war nicht richtig von uns und deshalb werden wir bestraft werden.«

»Und dabei bin ich schuld daran!«, sprach Lutz leise. Dann dachte er nach. Schließlich schlug er vor: »Wir sagen einfach nichts davon!« Es fiel ihm furchtbar schwer, diesen Vorschlag zu machen, denn natürlich hatte er sich schon ausgemalt, wie er seine großen Abenteuer erzählen würde.

Hauptwachtmeister Wiesel strich dem Jungen übers Haar. »Wir müssen unseren Kommandeuren die Wahrheit sagen«, antwortete er. »Wir haben einen Fehler gemacht und müssen nun dafür geradestehen.«

»Aber einen Fehler kann man doch mal machen«, meinte Bärbel.

»Schau mal«, sagte Hauptwachtmeister Löffelholz, »wenn du Pionier vom Dienst bist, dann passt du auch gut auf, dass du keine Fehler machst. Und wir von der Volkspolizei sind immer Pionier vom Dienst, jeden Tag, jede Stunde.«

»Au Backe, das muss aber schwer sein!«, flüsterte Sonja. »Schwer, gewiss, aber auch schön, sehr schön«, erwiderte Hauptwachtmeister Wiesel.

»Wenn ich groß bin, will ich auch zur Volkspolizei«, sagte Lutz.

Da hielten sie schon vor dem Kinderheim in der kugelrunden Stadt Käsebrot. Alle Kinder standen vor der Tür auf dem großen grünen Rasen, und vor ihnen stand Frau Rasselbusch und, den Kochlöffel in der Hand, Tante Erna. Als die Kinder das Polizeiauto sahen, stürzten sie ihm mit Indianergeheul entgegen. Das gab ein Fragen und ein Erzählen und ein Sichfreuen und ein Händeschütteln und das wunderbunte Vögelchen flog piepsend eine Runde über der jauchzenden Gesellschaft. Dann aber schlüpfte es schnell in sein kuscheliges blaues Nestchen auf dem breiten bleisilbernen Blatt auf dem knorrigen, dicken Ast auf dem buckligen braunen Baum auf dem großen runden Rasen. Es hatte wahrhaftig seine Ruhe verdient. Kaum sah Lutz, dass das Vögelchen sich ins Nest kuschelte, da wurde er auch müde und begann zu gähnen.

Die Volkspolizisten verabschiedeten sich von den Wochenheimern. Frau Rasselbusch dankte ihnen, aber die Volkspolizisten wehrten bescheiden ab.

»Wir müssen uns bei den Kindern, unsern freiwilligen Helfern, bedanken«, sagten sie. »Sie haben uns wirklich ausgezeichnet geholfen.«

Da tönte es plötzlich tatüü-tatüü-tatüü-tatüü. Der Kommandeur der Volkspolizei kam herangebraust, um zu sehen, ob alles in Ordnung gebracht worden war. Die Hauptwachtmeister berichteten dem Kommandeur alles. Sie berichteten auch von ihrem Fehler. Das gütige Gesicht des Kommandeurs wurde mit einem Male sehr streng.

»Bitte, bitte, bitte, lieber Onkel Kommandeur, sei lieb und bestrafe die beiden nicht«, baten Lutz und Sonja und Bärbel.

Der Kommandeur schnaubte sich gerührt ins Taschentuch. Dann aber sagte er: »Ich muss sie bestrafen, selbst wenn ich es nicht wollte. Da ist nichts zu machen. Wir versammeln alle Volkspolizisten von Käsebrot und dann bekommen die beiden tüchtig ausgeschimpft. Das wird für sie und für uns alle eine große Lehre sein.« Dann aber zwinkerte er den Kindern zu, beugte sich zu ihnen nieder und flüsterte ihnen ins Ohr: »Aber ein großes Lob bekommen die beiden auch.«

Da strahlten unsere drei Helden.

»Und die drei Helden von euch bekommen natürlich eine Prämie!«, sagte der Kommandeur. Da strahlten alle Kinder.

»Und zu guter Letzt könnten wir eigentlich die Patenschaft über das Kinderheim übernehmen«, sagte der Kommandeur, »öfter einmal zu euch kommen – mit euch spielen – von unserer Arbeit erzählen – unsere Autos zeigen …« Da strahlte das ganze Wochenheim und Tante Erna schwenkte begeistert den Kochlöffel.

»Dafür aber kommen die Besten von euch einmal zur Volkspolizei!«, sagte der Kommandeur.

»Dufte!«, schrie Lutz und trat vor. »Natürlich nur Jungs, nicht wahr, Onkel Kommandeur?«

»Was denn, wir Mädchen nicht?«, fragten Sonja und Bärbel empört.

»Natürlich die Mädchen auch, die brauchen wir sogar besonders«, sagte der Kommandeur und lächelte.

Das wunderbunte Vögelchen aber reckte sein zuckerweißes Schnäbelchen aus dem blauen Nestchen und rief »Piep piep trallilala«, und das heißt in der Menschensprache: »Bravo, so ist es richtig!«

Liselotte Sewart

Bello und Minke

mit Bildern von Dagmar Schwintowsky

Die Minke auf dem Kissen,
die hat jetzt Schlafenszeit.
Sie will davon nichts wissen,
weil's draußen so schön schneit.

Da springt sie auf die Klinke –
die Tür geht auf – seht an!
»Miau«, freut sich die Minke,
»was ich schon alles kann!«

Der Bello staunt: »Die Katze
geht jetzt noch einmal aus?« –
»Ätsch«, winkt sie mit der Tatze,
»du, Bello bleibst zu Haus!«

Der gute Bello kränkt sich:
»Die Minke ist nicht nett.«
Er dreht sich um und denkt sich:
»Da geh ich gleich zu Bett!«

Im Schnee will Minke wühlen.
Das Käuzchen mahnt: »Uhu!«
Nachts darf man doch nicht spielen,
da geht man schön zur Ruh!

Die Minke will nicht hören,
singt laut: »Miau, mio!«
Der Hahn will sich beschweren
Und fällt dabei ins Stroh.

Das Huhn sagt: »Gock-gock-gacker!«
Der Hahn ruft »Kikeriki!« –
»Gak«, zankt die Ente, »Racker,
es ist ja noch nicht früh!«

Die Minke ist alleine,
auch singen darf sie nicht,
sehr kalt sind ihre Beine
und traurig das Gesicht.

Drum hat sie jetzt beschlossen:
»Ich kehr ins Haus zurück!«
Die Tür ist zugeschlossen!
Die Minke hat kein Glück.

Die arme Minke kauert
und friert und zittert sehr,
bis es den Bello dauert,
er knurrt: »Na, komm schon her!«

Er rückt ganz an die Seite
und macht der Minke Platz.
Nun liegen alle beide:
Der Bello wärmt die Katz.

Am Morgen, nach dem Wecken
sagt sie: »Jetzt muss ich gehen.
Ich will dich nie mehr necken.«
Der Bello sagt: »Na schön!«

Eva Johanna Rubin

Drei kleine Mädchen

Da war einmal ein kleines weißes Mädchen mit einem kleinen weißen Eimer.

Es wollte hinaus, um seine kleine Ziege zu melken. Aber als es hinauskam auf die Wiese, hatte die kleine weiße Ziege sich losgerissen und war davongelaufen.

Da begann das kleine weiße Mädchen zu weinen und wollte nach Hause zu seiner Mutter laufen. Auf dem Wege traf es ein kleines rotes Mädchen mit einem kleinen roten Eimer.

Es wollte hinaus, um die kleine rote Kuh zu melken.

»Warum weinst du?«, fragte das kleine rote Mädchen. »U-hu-hu-hu-u!«, sagte das kleine weiße Mädchen, »meine kleine weiße Ziege ist davongelaufen und nun kann ich keine Milch in meinen kleinen weißen Eimer bekommen.«

»Macht nichts«, sagte das kleine rote Mädchen, »dann bekommst du Milch bei meiner kleinen roten Kuh!« Und dann gingen sie alle beide hinaus, um die kleine rote Kuh zu melken. Aber als sie hinauskamen auf die Wiese, hatte auch die sich losgerissen und war davongelaufen. Da begannen sie alle beide zu weinen und wollten nach Hause laufen.

Auf dem Wege trafen sie ein kleines schwarzes Mädchen mit einem kleinen schwarzen Eimer. Es wollte hinaus, um sein kleines schwarzes Schaf zu melken. »Warum weint ihr denn?«, fragte das kleine schwarze Mädchen. »U-hu-hu-hu, u-hu-hu-hu!«, sagten das kleine weiße Mädchen und das kleine rote Mädchen. »Meine kleine weiße Ziege ist davongelaufen.« – »Und meine kleine rote Kuh ist auch davongelaufen.« – »Und nun können wir keine Milch in unsere kleinen Eimer bekommen!«

»Macht nichts«, sagte das kleine schwarze Mädchen, »so könnt ihr Milch bei meinem kleinen schwarzen Schaf bekommen.« Und dann liefen sie alle drei hinaus, um das kleine schwarze Schaf zu melken.

Aber als sie hinauskamen auf die Wiese, hatte das kleine schwarze Schaf sich losgerissen und war davongelaufen.

Da begannen sie alle drei zu weinen und wollten nach Hause laufen.

Aber auf dem Wege trafen sie einen kleinen blauen Mann. »Warum weint ihr denn?«, fragte er. »U-hu-hu-hu, u-hu-hu-hu, u-hu-

hu-hu«, sagten das kleine weiße Mädchen und das kleine rote Mädchen und das kleine schwarze Mädchen. »Meine kleine weiße Ziege, und meine kleine rote Kuh, und mein kleines schwarzes Schaf ist davongelaufen.«

»Und nun können wir keine Milch in unsere kleinen Eimer bekommen.«

»Macht nichts«, sagte der kleine blaue Mann, »nun will ich euch helfen, sie wieder einzufangen!«

Eins-zwei-drei! lief er, so fix er konnte, hin auf die Wiese und fing erst die kleine weiße Ziege, dann die kleine rote Kuh und dann das kleine schwarze Schaf. Da bekam das kleine weiße Mädchen Milch in seinen kleinen weißen Eimer und das kleine rote Mädchen bekam Milch in seinen kleinen roten Eimer und das kleine schwarze Mädchen bekam Milch in seinen kleinen schwarzen Eimer.

Darauf gaben sie dem kleinen blauen Mann etwas zu trinken. Das hatte er gewiss verdient.

Wolfgang Pfannenschmidt
Das Hasenschwänzchen
mit Illustrationen von Inge Gürtzig

Eines Tages begab sich der Hase zum Markt in die Stadt. Nachdem er seine Geschäfte erledigt hatte, schaute er sich nach einer Bleibe für die Nacht um und klopfte an die Tür des erstbesten Hauses. Eine Frau öffnete. Freundlich fragte sie ihn nach seinem Begehr. Als sie hörte, er suche ein Nachtlager, ließ sie ihn ein und wies ihm ein Zimmer an. Vom Markttreiben ermüdet, legte sich der Hase zur Ruhe. Kurz darauf hörte er den Hausherrn kommen und bald entspann sich ein Streit zwischen den Eheleuten. Der ängstlich lauschende Hase vernahm, dass der Mann über alle Maßen erbost war, weil seine Frau einem Fremden Unterkunft gewährt hatte. Entsetzt musste der Gast hören, dass der erzürnte Mann mit ihm abzurechnen gedenke. Bevor ihm auch nur der Gedanke an Flucht kam, wurde die Tür des Raumes, in dem er sich befand, von außen fest verschlossen.

Der Abend nahte, die Dämmerung brach herein, und es wurde finster in dem Gelass, wo der Hase nun gefangen saß. Hungrig und müde legte er sich nieder und schlief alsbald ein. Mitten in der Nacht spürte er, dass ihn jemand am Ohr zupfte und leise seinen Namen rief. Erschrocken fuhr er hoch und gewahrte, dass das einzige Fenster des Raumes geöffnet worden war. Die freundliche Frau stand davor und zeigte ihm den Weg in die Freiheit. Glücklich über die Wendung der Dinge, bedankte sich der Hase und sprang davon.

DAS HASENSCHWÄNZCHEN

Kaum aber hatte er den Marktplatz erreicht, wurden die Hunde, die sich dort um die Abfälle balgten, auf ihn aufmerksam und jagten ihm nach. Der Hase rannte um sein Leben. Näher und näher kam die kläffende Meute. Er schlug Haken und Purzelbäume, allein die Hunde holten ihn ein. Schon hatte einer ihn erreicht und biß ihm das Schwänzchen ab. Der Schmerz spornte die Kräfte des Flüchtenden noch einmal an und er ließ die Verfolger hinter sich. Zu Tode erschöpft, aus vielen Wunden blutend, die er sich bei der wilden Jagd zugezogen hatte, schleppte er sich durch den Busch.

Da traf er die Frau des Teufels, die ihn fragte, was ihm zugestoßen sei. Mit kläglicher Stimme gab der Hase Auskunft und bat die Teufelin, ihm wieder zu seinem Schwanz zu verhelfen.

Die Alte überlegte, doch wollte sie ihre Kunst nicht an jeden verschwenden und beschloss, den Hasen auf die Probe zu stellen. »Es gibt einen Weg, dein Schwänzchen wiederzubekommen«, sprach sie. »Nur bedarf es dazu einiger Dinge, die schwer zu beschaffen sind.« Der Hase bestürmte sie, ihm diese Dinge zu nennen. »Nu gut«, sagte des Teufels Frau, »ich muss dazu zwei Eier vom Laich des Wels haben, außerdem die Milch der Elefantenkuh, den Backzahn eines Löwen und zwei Krallen des Leoparden, aber alles darf nur von lebenden Tieren stammen.«

Das war eine schwierige Aufgabe. Doch um sein verlorenes Schwänzchen wiederzuerlangen, war der Hase zu allem bereit. Zunächst begab er sich zu einem Seiler und ließ sich ein langes Seil aus den Fasern der Raphiapalme anfertigen. Damit ging er an das Flussufer und rief nach dem Wels, dem König der Flüsse. Alsbald wallte das Wasser auf wie an den großen Stromschnellen und das Haupt des gewaltigen Fisches tauchte aus den Fluten.

»Was begehrst du?«, fragte er.

Der Hase verneigte sich tief und sprach: »Beherrscher der Flüsse und Ströme, die Sippe der Hasen hat mich beauftragt, dir ein bescheidenes Geschenk zu überreichen. Sei so gnädig, es als Ausdruck unserer Verehrung anzunehmen.«

Der Wels fühlte sich geschmeichelt und wollte das Geschenk sehen. »Es ist an diesem Strick befestigt«, antwortete der Hase und wies das Seil vor. Doch zögerte er, dem Fisch das Seilende zu reichen, verbeugte sich abermals und sprach: »Großer Gebieter des Wassers, als Zeichen der Erfüllung meines Auftrages lässt dich meine Sippe um zwei Eier aus dem Laich deines Weibes ersuchen.«

Der Wels verschwand im Fluss. Bald tauchte er wieder auf und brachte dem Hasen die Eier. Der übergab dem Fisch das Seil, an dem das Geschenk angebunden sein sollte, und sprang davon, um den Elefanten zu suchen.

Die Mitte des Seils hatte der pfiffige Hase um einen großen Baum geschlungen, sodass der Wels einige Zeit ziehen konnte, bevor er etwas von dem Betrug merkte. Mit dem anderen Seilende eilte er weiter durch den Wald. Da hörte er Äste und Zweige brechen, die Erde dröhnte und der graue Koloss bahnte sich einen Weg durch das Dickicht. Mit erhobenem Rüssel blieb er vor dem Hasen stehen. Der verneigte sich abermals bis zur Erde und sprach: »Beherrscher des Waldes, erlaube mir, dir ein Geschenk der Kranken und Schwachen meiner Sippe als Ausdruck der Verehrung deiner Stärke und Macht zu überreichen.« Damit hielt er dem Elefanten die Schnur hin, zögerte aber, sodass der andere es bemerken musste. »Ich bin geneigt, das Geschenk anzunehmen, doch warum zauderst du?«, fragte der Elefant. »Ach«, sprach der Hase, »ich wage es kaum auszusprechen.«

»Sprich nur, sprich!«, ermunterte ihn der Elefant, der sich in seiner Eitelkeit geschmeichelt fühlte. »Nun, meine kranken Brüder versprechen sich Heilung, wenn sie etwas von der Milch einer Elefantenkuh trinken könnten«, gab der Hase zur Antwort. »Warte hier«, sprach der Elefant und verschwand im Dickicht.

Wider Erwarten rasch kehrte er zurück und brachte dem Hasen eine Kalebasse voll Milch. Der nahm das Gefäß überschwänglich dankend an sich, reichte dem Elefanten das Seil, erklärte ihm, das Geschenk sei am anderen Ende angebunden, und eilte fort, den Löwen zu suchen.

Er traf den König der Tiere in der Savanne, wie er im Schatten eines Baumes mit weit ausladender Krone Mittagsruhe hielt. Gut gelaunt und träge vom reichlichen Mahl, fragte der Löwe den Hasen nach seinen Wünschen. »Gebieter aller Tiere«, sprach dieser, »ich neige mich in Ehrfurcht vor dir. Die Not meiner Sippe lässt mich Unwürdigen vor dich treten. Eine schreckliche Krankheit wütet unter meinen Brüdern und droht uns auszulöschen.« Der Löwe fragte, wie er denn helfen könnte. »Ach, es gibt nur eine

Möglichkeit«, entgegnete der Hase. »Man muss dem Dämon der Krankheit den Backenzahn eines lebenden Löwen opfern!« Der König der Tiere, zuweilen auf seinen guten Ruf bedacht, befahl dem Bittsteller, einen Schmied zu holen. Als er kam, sperrte der Löwe das gewaltige Maul auf, und im Nu hatte der geschickte Schmied mit der Zange einen der spitzen Backenzähne gepackt und ausgerissen. Nun blieb dem Hasen nur noch die letzte und zweifellos schwerste Aufgabe zu lösen. Der Leopard war grausam und listig zugleich, weder durch Bitten noch durch Schmeicheln war bei ihm etwas zu erreichen.

Der gefährliche Räuber lag schlafend unter einer Baumgruppe. Da verbarg sich der Hase hinter einem dicken Stamm und sammelte alle Steine, die er um sich herum fand. Als er einen ausreichenden Vorrat zusammenhatte, begann er, sie an den gegenüberliegenden Baum zu werfen. Von dem Lärm erwachte der Leopard und sprang wütend und schlaftrunken den Baum an, gegen den die Steine prasselten. Er schlug die scharfen Krallen tief in die Rinde, weil er meinte, ein Tier vor sich zu haben. Als er die Pranken zurückziehen wollte, hingen sie an dem Stamm fest. Darauf hatte der Hase gewartet. Er lief hinzu und versetzte dem Leoparden einige scharfe Peitschenhiebe. Rasend vor Schmerz und Angst, riss sich das Raubtier los und verschwand im Busch. Zwei seiner Krallen blieben in der Baumrinde zurück.

Der Hase zog sie in aller Ruhe heraus und begab sich zu der Frau des Teufels, um ihr das Gewünschte zu bringen. Die Alte war über alle Maßen erstaunt, als sie ihn mit den Welseiern, der Milch der Elefantenkuh, dem Backenzahn des Löwen und den Krallen des Leoparden daherkommen sah. So hatte er die Probe bestanden, und die Teufelin, vielfältiger Zauberei kundig, heftete dem Hasen sein Schwänzchen wieder an. Glücklich sprang er davon, nachdem er sich bedankt hatte.

Indessen war im Wald und am Fluss Folgendes geschehen: Nachdem der Hase dem Wels und später dem Elefanten das Seil übergeben hatte, zogen beide eifrig daran, um rasch in den Besitz ihrer Geschenke zu kommen. Doch vergeblich riss der Wels an dem Strick und dem Elefanten erging es nicht besser. Schließlich trabte er am Seil entlang, fand es um den Baum geschlungen und kam endlich an den Fluss, wo er den Wels am anderen Ende zerren sah.

Wütend beschuldigten die zwei einander, das Geschenk des Hasen gestohlen zu haben, bis sie erkannten, dass sie beide betrogen waren. Um sich zu rächen, beschlossen sie, der Wels solle verhindern, dass der Hase jemals wieder aus einem Flusse trank, der Elefant aber wollte dafür sorgen, dass er nie wieder etwas zu fressen erhielt. Allein das kam dem Hasen zu Ohren. Er besorgte sich das Fell eines Lammes und streifte es über. Solcherart geschützt, trank und fraß er weiterhin, wie es ihm gefiel.

Fred Rodrian
Pantommel malt das Meer
mit Illustrationen von Werner Klemke

Der kleine Pantommel hatte einen Vater, den großen Pantommel, der war Maler. Er malte Weizenfelder und Hochöfen und Bergarbeiter und Wolken und Katzen, nie aber Elefanten, die konnte er nicht. Vater Pantommel wollte so gern das Meer malen. Er versuchte es zu Hause in der großen Stadt. Es ging nicht. Er lief an einen kleinen See; da malte er einen kleinen See, aber kein Meer. Er quälte sich, sagte der kleine Pantommel zur Mutter, was machen wir? Die Mutter, eine Verkäuferin, die ausgezeichnet rechnen konnte, hatte schon nachgedacht. Ihr fahrt in den Frühjahrsferien ans Meer. Ich habe ein Zimmer für euch bestellt. Und du?, fragte der kleine Pantommel. Ich bleib hier und verkaufe Schuhe. Sonst müssen die Leute barfuß laufen. Ohne Bilder kann man zur Not leben. Nicht ohne Schuhe. Ich weiß nicht, sagte der kleine Pantommel.

Der große Pantommel und der kleine fuhren an den See. Das Haus, in dem sie wohnten, lag nahe am Strand. Sie guckten durch ein großes Fenster aufs Meer, das sie rauschen hörten, aber kaum sahen, denn sie waren spät am Abend in dem kleinen Fischerdorf angekommen. Am nächsten Morgen standen sie früh auf. Die Sonne stieg frisch aus dem rot-violetten Dunst und überglänzte den Himmel und das Meer. Durch den Dunst schwamm ein weißes Schiff, schwebte, so sah es aus, über dem Wasser. Ein Schwan watschelte den Strand entlang und eine Möwe hockte fett auf einem

Pfahl. Das muss ich malen, sagte der große Pantommel, klemmte die Malleinwand auf die Staffelei und mischte seine Farben.

Der kleine Pantommel richtete das Zimmer und machte Frühstücksbrote, von denen der Vater achtlos abbiss. Jetzt noch die Möwe, sagte der Vater, malte die Möwe, und dann rief er: Oh! Denn der Himmel glänzte nicht mehr, grau wie Zinn sah er aus und bleigrau und wie tot lag das Meer. Nur ein kleines Mädchen im roten Kleid spielte am Strand vor dem Grau des Himmels und des Wassers, und das war schön, das rote Pünktchen vor dem Grau. Kein Glanz mehr und kein Rot-violett, sagte der große Pantommel und klemmte neue Malleinwand auf die Staffelei. Der kleine Pantommel machte das Mittagessen, aus der Büchse, der Vater aß es im Stehen. Dann las der kleine Pantommel und sah auch aus dem Fenster und sah hin und wieder in das angestrengte Gesicht des Vaters. Der große Pantommel setzte noch einen zartroten Tupfer auf das Kleid des Mädchens, und dann rief er: Oh! Denn das Mädchen war weggerannt vor dem jäh aufkommenden Sturm, der das Zinngrau des Himmels zerriss. Helle Wolken jagten niedrig über das schwarzgrüne Wasser, das heftig wellte und Schaumkronen trug. Weit draußen kämpfte ein weiß besegelter Kutter mit den Wellen und am Strand saß ein Hase.

PANTOMMEL MALT DAS MEER

Kein Grau mehr und kein Rot!, rief der große Pantommel, klemmte neue Malleinwand auf die Staffelei und mischte seine Farben und begann zu malen.

Aber der Wind ging, wie er gekommen war, ein Sonnenwind föhnte die Wolken weg, blau strahlte der Himmel und das Meer nahm die Bläue des Himmels auf, das weiße Segel des Kutters leuchtete gegen das Blau, das Mädchen im roten Kleid spielte im hellen Sand und mit ihm spielte ein Mädchen im gelben Kleid, die Möwe saß wieder auf dem Pfahl und der Hase war weggerannt. Kein Schwarzgrün mehr und kein Sturm, sagte der große Pantommel und begann das neue Bild zu malen. Aufmerksam und besorgt sah ihm der kleine Pantommel zu.

Denn die Bläue des Himmels verlor sich, türkisfarben mit einem Hauch von Rot, und das Meer schwappte dunkelgrün und türkis mit rot-goldenen Blitzern. Ein Hund, ein Dackel, stand bei den Kindern, als wollte er sie zum Abendbrot holen. Die Sonne ging unter. Der große Pantommel legte langsam den Pinsel weg und sagte: Ich glaube, ich kann das Meer nicht malen. Es gibt ein Morgenmeer, ein Abendmeer, ein stilles, ein heftiges, ein grünes, ein rotes, ein blaues. Was also? Mal Elefanten, sagte der kleine Pantommel, der Elefanten sehr mochte. Die kann ich nicht, erwiderte der Vater betrübt. Sie aßen etwas und guckten aus dem Fenster und schwiegen. Es war später Abend geworden. Der Himmel hatte ganz fern noch einen fahlen Schein. Ein Leuchtfeuer geisterte übers schwarze Wasser. Der kleine Pantommel ging ins Bett, und sein Vater, der große Pantommel, erzählte ihm die Geschichte vom Meer, das nie aufhört, sich zu verändern. Ich weiß schon, sagte der Sohn und schlief ein. Der Vater versuchte seufzend, was zu malen. Manchmal hörte er die Atemzüge seines kleinen schlafenden Sohnes. Spät in der Nacht wachte der kleine Pantommel auf. Er sah den Vater. Der kauerte im Sessel und guckte aus dem Fenster. Meer und Himmel standen schwarz. Rabenschwarze Finsternis. Kein Kind, kein Boot, kein Schwan, keine Möwe, kein Hund, kein Hase. Aber das Leuchtfeuer blinkte. Gib mir was zu trinken, bat der kleine Pantommel.

Er trank. Der Vater sagte: Ich hab einen Elefanten gemalt. Schön, sagte der Junge. Und das Meer? Ich weiß nicht, sagte der Vater. Ich weiß nicht, was ich machen soll.

Der kleine Pantommel schwieg eine Weile. Dann sagte er müde: Schlaf noch 'n bisschen, Vater. Die Sonne geht bald auf.

Ernst Adler

Ko und Ala

mit Illustrationen von Hans Baltzer

Im australischen Busch lebte einmal im Wipfel eines Eukalyptusbaumes ein Koalapärchen, das sich von ganzem Herzen ein Junges wünschte. Und eines schönen Tages kam tatsächlich ein Koalababy zur Welt. Obwohl die Eltern etwa so groß waren wie kleine Bären, war das Junge ganz winzig klein, nicht größer als eine Erbse. Es war völlig nackt und sah ganz und gar nicht wie ein wuscheliges Pelztier aus und hatte ganz und gar keine Ähnlichkeit mit seinen Eltern. Diese aber wussten recht gut, dass das kleine Tierchen, das mit schnuppernder Nase geradewegs zur Mutter in den warmen Beutel kroch, einmal ein schöner, großer Koalabär sein würde mit einem glänzenden Fell, einer funkelnden schwarzen Nase und buschigen, runden Ohren. Und so feierten sie die Geburt ihres Sohnes und nannten ihn Ko, denn der Name Koala war denn doch zu lang für so ein winziges Lebewesen.

Mutter Koala ging, als wäre nichts geschehen, weiter ihrer Beschäftigung nach, indem sie den ganzen Tag Eukalyptusblätter kaute, aber jetzt musste sie mehr kauen als bisher, denn im Beutel

saß Ko und trank Muttermilch. Ko trank immer mehr, als wüsste er, dass er, sobald er den Beutel einmal verlassen würde, nie mehr etwas trinken wollte, denn die Blätter des Eukalyptusbaumes sind so saftig, dass Koalas nichts Flüssiges zu sich nehmen, außer einmal ein wenig Tau. Ko wurde groß und größer. Ein halbes Jahr mochte vergangen sein, da wurde ihm der Beutel der Mutter allmählich zu eng, und Ko ahnte, dass es sich auch im Freien leben lassen müsste. Eines schönen Morgens steckte er plötzlich den Kopf aus dem Beutel und schaute um sich. Was war das für eine schöne Welt! Ringsumher standen Bäume mit rötlicher und bläulicher Rinde und vielen grünen Blättern. Ganz in der Nähe hüpften Baumkängurus von Ast zu Ast und zupften an den saftigen Blättern. Ameisen krochen den Baumstamm entlang und Bienen und andere Insekten schwirrten in der Luft. Hoch über ihm, noch viel höher als der Wipfel des Baumes, glühte die Sonne vom blauen Himmel herab, über den weiße Wolken zogen. Aber was Ko am meisten interessierte, war seine Mutter, die er noch nie so richtig gesehen hatte. Als er zur Welt kam, war er nämlich blind, und nur mithilfe seines Geruchssinnes hatte er in den Beutel seiner Mutter gefunden. Aber jetzt sah er sie. Sie war viel größer als er und blickte liebevoll auf ihren Sohn herab. All das war zu viel der Eindrücke für den kleinen Ko und er flüchtete bald wieder zurück in den warmen, sicheren Beutel der Mutter.

Aber jetzt, da Ko einmal die Nase in die Welt gesteckt und ihre Schönheit erblickt hatte, hielt es ihn nicht mehr länger im Beutel. Immer häufiger steckte er den Kopf ins Freie und eines Tages wagte er sich ganz heraus und zeigte sich seinen Eltern. Die freuten sich, als sie sein kugelrundes Köpfchen mit den lustigen Augen und den buschigen Ohren sahen, und waren glücklich darüber, dass sie einen so schönen Koalasohn hatten. »Ganz der Vater!«, riefen auch die Verwandten und unterbrachen vor Bewunderung sogar ihre Mahlzeit, was Koalas gar nicht gern tun.

Eines schönen Tages, als Ko sich eben entschlossen hatte, den Beutel seiner Mutter endgültig zu verlassen, und seinen Kopf herausstreckte, durchfuhr ihn ein furchtbarer Schreck: Vor ihm auf dem Aste kam ein Tier angekrochen, wie er es noch nie gesehen hatte. Das Ungeheuer war viel größer als er. Es schillerte in vielen Farben, und sein Kopf war hässlich anzusehen. Überall war es mit

Schuppen und Stacheln bedeckt und unter dem Kinn hatte es einen Sack. Als das Tier vor Kos Mutter angelangt war, stellte es sich auf die Hinterbeine und plusterte den Sack unter seinem Kinn auf, sodass es aussah, als trüge es einen großen Bart. Ko wollte sich schon schleunigst wieder in den Beutel der Mutter zurückziehen, aber seine Neugierde war groß und schließlich würden ihn ja der Vater und die Mutter sicher vor allen Gefahren beschützen. Aber

Angst hatte er doch, und sein Koalaherzchen schlug wie eine Uhr: Ticktack, ticketacke, nur viel schneller. Mutter Koala musste sein Herz schlagen hören, denn sie beruhigte ihren Sohn und sagte: »Hab nur keine Angst, kleiner Ko. Das ist kein böser Drache, bloß eine Bartagame. Sie tut uns Koalas nichts; sie lebt nur von Fliegen

und Mücken und derlei lästigen Insekten. Ihren Bart plusterte sie nur deshalb auf, weil sie selber Angst bekam, als du plötzlich den Kopf aus dem Beutel herausstrecktest.«

Da atmete Ko aber auf.

Er war fast stolz auf sich, denn er, der kleine Kerl, hatte die gro-

ße Eidechse erschreckt. Also musste er doch schon wer sein und das war ein sehr schönes Gefühl.

Als wieder ein paar Wochen vergangen waren, da hielt es ihn nicht mehr länger im Beutel seiner Mutter. Aber so schnell zu wachsen und auf eigenen Beinen zu stehen, das war noch zu viel für Ko, und er kletterte der Mutter auf den Rücken und hielt sich an ihrem Fell fest. Sie waren beide so hoch oben auf einem Baume, dass Ko Angst hatte hinunterzufallen, in die Tiefe mit allen ihren Gefahren. Und von diesem Tage an nahm ihn seine Mutter überallhin mit und zeigte ihm, wie man Eukalyptusblätter abbiss und kaute und wo man die besten Blätter und die saftigsten Triebe fand. War das ein Spaß, so auf dem Rücken der Mutter zu reiten und die anderen Koalakinder zu begrüßen, die überall im Busch von ihren Müttern huckepack getragen wurden.

So gingen die Wochen dahin, man aß Eukalyptusblätter, spielte mit den anderen Koalakindern und schlief. Der Sommer kam, es wurde heiß und die Blätter der Eukalyptusbäume wurden trocken. Lange hatte es schon nicht mehr geregnet und die Pflanzen und die Tiere litten unter der Hitze und Dürre. Eines Nachts nun, als Ko längst eingeschlafen war und von saftigen Trieben des Eukalyptusbaumes träumte, erfüllte plötzlich ein gewaltiges Brausen die Luft. Aufgeschreckt flogen die Vögel hin und her und flatterten kreischend über den Köpfen der aufgescheuchten Tiere. Ko schnupperte mit seiner kohlschwarzen Nase in der Luft. Was war das wohl? Mitten in der Nacht war es plötzlich heißer als am Tage und sengende Stürme peitschten durch den Busch. Da sah Ko auch schon einen hellen Feuerschein. Der Busch brannte lichterloh! Die trockenen Zweige und Blätter loderten auf. Rette sich, wer kann! Ko kletterte von der Astgabel, in der er zu schlafen pflegte, hinunter und suchte, so schnell ihn seine kurzen Beine tragen konnten, das Weite. Nur fort von der furchtbaren Hitze und dem schreckenerregenden Funkenregen. Er lief, ohne sich umzusehen, immer weiter, immer weiter. Das rasende Feuer verfolgte ihn. Aber Ko war jung und kräftig, und bald spürte er, dass die Luft um ihn herum kühler wurde. Er kam auf eine Lichtung, und als er um sich schaute, da stand der Busch in hellen Flammen. Es gab kein Zurück mehr. So wanderte Ko weiter und schließlich kam er in einen anderen Wald. Überall suchte er die Eukalyptusbäume ab, aber wo waren die anderen Koalas zu finden, seine Eltern, seine Spielgefährten? Ob sie sich wohl auch gerettet hatten? Er wollte nicht eher ruhen, als bis er sie wiedergefunden hatte. Ko beschloss alle Tiere um Auskunft zu bitten. Über ihm schwirrten buntfarbige Sittiche, aber sie waren in Eile und hatten keine Zeit für ihn. Da gab es auch den Leierschwanz, der auf einem Reisighügel mit dem Schwanz sein bunt schillerndes Rad schlug. Auch er wollte sich nicht mit dem sonderbar aussehenden Pelztier abgeben. Schließlich kam Ko an einem Wasserlauf vorbei, der noch nicht ganz ausgetrocknet war. Dort schwamm flink ein Schnabeltier auf und ab und suchte emsig nach Muscheln und Schnecken. Als Ko fragte, ob es die anderen Koalas gesehen hätte, seufzte das Schnabeltier auf: »Wie soll ich dir denn helfen? Ich weiß mir doch selber keinen Rat. Ich habe Eier gelegt und jeden Augenblick sollen meine Jungen ausschlüpfen. Wenn es nicht bald regnet, dann gibt es kein Wasser hier und keine Nahrung mehr für mich und meine Kinder.«

Als Ko an einem großen Baum vorüberkam, sah er merkwürdige Tiere wie Trauben an den Zweigen hängen. Es waren Fliegende Füchse, die kopfabwärts schliefen. Ko rief ihnen zu: »Heda, ihr Faulpelze! Es ist helllichter Tag! Aufstehen!« Da wurden sie sehr zornig und jagten ihn davon.

Erschöpft von der langen Wanderung, schlief Ko endlich in der Astgabel eines Baumes ein. Er träumte von Regen und neuem Leben im Busch und vom Wiedersehen mit den anderen Koalas. Plötzlich hörte er ein schallendes Gelächter. Das war Kukabarra, der Lachvogel, ein Rieseneisvogel, der vergessen hat, wie man fischt. Fast wäre Ko vom Baum gefallen, so erschrak er. Nun aber stimmten alle anderen Lachvögel in der Umgebung in das laute Lachen ein, sodass Kos Frage nach dem Verbleib der anderen Koalas im allgemeinen Gelächter unterging. Diese unhöflichen Lachvögel! Sie hätten ihm doch sicherlich helfen können. Als Ko weiter-

wanderte, versperrte ihm plötzlich eine junge Tigerschlange den Weg. Ihre gespaltene Zunge kam ihm immer näher, und er war vor Schreck unfähig, sich zu bewegen. Gebannt starrte Ko auf die Schlange, der er nicht mehr entrinnen konnte. Aber da, was war das? Von oben kam ein Lachvogel im Sturzflug angeflogen, packte die Schlange beim Hals, sodass sie ihn nicht beißen konnte, und war im Nu im Wipfel des Baumes verschwunden. Als Ko sich von seinem Schrecken erholt hatte, lachte der Kukabarra. Also waren die Kukabarras doch nicht ganz so schlecht, wie Ko befürchtet hatte. Und nun lachten alle Lachvögel so laut, dass Ko sich wieder kein Gehör verschaffen konnte. Emus liefen auf ihren starken Beinen an Ko vorüber. Sie hatten es eilig und achteten nicht auf den kleinen Kerl. Er traf Rote Riesenkängurus auf der Lichtung. Aber auch sie hatten keine Koalas gesehen, denn sie halten sich nur gelegentlich im Busch auf und leben lieber in der Steppe. So gab es denn keine Hilfe für den kleinen Ko und auch kein Zurück in den brennenden Busch. Ko hatte Angst vor der Einsamkeit, ohne Eltern, ohne Freunde, ohne Spielgefährten.

Eines Tages aber zogen sich Gewitterwolken am Himmel zusammen. Ein Sturm fegte über die Lichtung und die Bäume im Busch bogen sich im Winde hin und her. Zuerst fielen nur vereinzelt dicke Tropfen, dann immer mehr und mehr, und bald prasselte der Regen herunter, als ob der Himmel ein Loch hätte. Die Erde sog gierig das Nass ein und die Bäume und Pflanzen wurden grün. Bald füllten sich die Wasserläufe, die Pfützen, die Teiche, die Seen und das Wasser stieg und stieg unaufhörlich. Viele Tage und Nächte regnete es und schließlich stand alles weit und breit unter Wasser.

Ko hatte sich auf einen Baumstamm gerettet, der auf den Wellen trieb, und hielt sich mit seinen starken Armen und Beinen an ihm fest. Er schrie um Hilfe, aber keiner kümmerte sich um ihn, denn alle Tiere waren selbst in Not. Als sein Baumstamm gegen eine Bodenerhebung trieb, hörte er plötzlich eine leise, aber drängende Stimme auch um Hilfe rufen. Da, ebenso nass und verzweifelt wie er, saß ein Koalabär. Er war am Ende seiner Kräfte. Dort auf der kleinen, nur mit Grasbüscheln bewachsenen Fläche konnte

KO UND ALA

kein Koala leben, und so lud Ko den anderen Koala ein, sich der Reise in die ungewisse Ferne anzuschließen. Mühsam erklomm der andere Koala den Baumstamm und die Fahrt ging weiter. Die beiden Koalas berichteten einander von ihren Abenteuern, und dabei stellte sich heraus, dass der andere Koala eigentlich ein Koalamädchen war namens Ala. Ala stammte aus dem gleichen Wald wie Ko und auch sie hatte die gleichen Abenteuer erlebt. Als sie von dem Unwetter überrascht wurde, hatte sie sich auf die Boden-

erhebung in der Lichtung geflüchtet und laut vergeblich um Hilfe gerufen. Sie dankte ihrem Retter, und Ko wäre vor Freude, aber vielleicht auch vor Verlegenheit errötet, wenn das einem Koala möglich gewesen wäre. Die beiden gelobten sich, für immer beieinanderzubleiben, falls, ja falls sie mit dem Leben davonkommen würden. Aber wohin sollten sie sich wenden? Ihr heimatlicher Eukalyptushain war verbrannt, verkohlt und sonst kannten sie ja nichts als Regen, Hunger und Verzweiflung. Wenigstens waren sie jetzt zu zweit und konnten damit auf die Zukunft hoffen.

Der Regen hatte nachgelassen und die Sonne blinzelte wieder durch die Wolken. Die durstige Erde trank immer noch gierig die

Wasserflut, denn es hatte viele Monate vorher nicht geregnet, und bald war die Reise des Baumstammes, der den beiden Koalas das Leben gerettet hatte, zu Ende. Ko und Ala fielen müde und halb verhungert zu Boden und schliefen sofort ein. Sie waren von der langen Wanderung und von der Nässe und dem Hunger so erschöpft, dass sie nicht einmal träumen konnten.

Koalas haben keine Uhren und keine Kalender, und so wussten die beiden Schiffbrüchigen nicht, wie lange sie geschlafen hatten. Aber plötzlich hörten sie Stimmen, und bald erblickten sie Lebewesen, wie sie sie noch nie zuvor gesehen hatten. Sie standen aufrecht auf zwei langen Beinen, aber sie hüpften nicht wie Kängurus, sondern gingen, indem sie ein Bein vor das andere stellten. Sie hatten im Gesicht kein Fell und ganz kleine, anliegende Ohren, nicht so wie sie selber. Es waren Menschenkinder, aber das begriffen Ko und Ala nicht. Tim und Betty waren nach dem Regen in den Busch gegangen, um Reisig und Äste für den Kamin zu sammeln. Dabei stießen sie unerwartet auf die beiden halb verhungerten Tierchen und liefen auf sie zu. »Sieh nur, die armen Koalas!«, rief Tim. Und Betty sagte: »Sie können ja kaum mehr krauchen. Wir müssen sie mitnehmen.« Tim zog seine Jacke aus und wickelte die beiden Koalas darin ein. Dann lud er sich das gesammelte Reisig und die Äste auf und Betty trug die beiden Koalas behutsam nach Hause.

Auf dem Heimweg pflückten die beiden noch Blätter und Zweige von einem Eukalyptusbaum und bald waren sie zu Hause angekommen. Die Mutter machte rasch ein Feuer an und bereitete den beiden Koalas ein Lager in einer Kiste, wo sie es warm hatten und sich endlich wieder satt essen konnten. Als der Vater von Tim und Betty am Abend nach Hause kam, erzählten ihm die Kinder von ihrem Fund und fragten ihn, ob sie die niedlichen Koalas als Spielgefährten behalten könnten, aber der Vater sagte: »Nein, das geht leider nicht. In Australien stehen die Koalas endlich unter Naturschutz, denn es gibt nicht mehr viele von ihnen. Jäger und Dingos haben ihre Zahl so vermindert, dass Koalas nur mehr in geschützten Parks gehalten werden, wo sie in ihrer natürlichen Umgebung sicher und wohlbehütet leben können. Morgen früh schafft ihr die beiden in den Koalapark! Ihr wart ja schon dort, und am Abend könnt ihr wieder zurück sein, denn der Weg ist nicht weit. Dann dürft ihr eure Schützlinge an jedem Sonntag besuchen. Aber jetzt marsch ins Bett, damit ihr morgen ausgeruht seid.«

Und in der Nacht träumten Tim und Betty von ihren beiden Schützlingen. Vielleicht träumten auch Ko und Ala von ihren Lebensrettern? Am folgenden Morgen machten sich die Kinder mit ihren Fahrrädern auf den Weg zum Koalapark. In jedem mit Eukalyptusblättern gepolsterten Tragekörbchen saß ein Koalabär. Wohin die Reise wohl gehen würde, dachten Ko und Ala, aber es war ihnen nach all den erlittenen Qualen wohlig zumute. Sie waren wieder trocken, die Sonne schien warm, und sie fühlten, dass Tim und Betty es gut mit ihnen meinten.

Nach einigen Stunden waren die Kinder im Koalapark angelangt. Sie meldeten sich beim Direktor, der ihnen für ihre Liebe und Fürsorge dankte und sie einlud, mit den Eltern recht oft wiederzukommen. Dann öffnete er unter einem großen Eukalyptusbaum die Körbchen und flugs kletterten die kleinen Koalas hinauf in den Wipfel.

Als sich Ko und Ala umsahen, erblickten sie zu ihrer Freude noch viele andere Koalas, darunter auch ihre Eltern, einige Verwandte und viele gute Spielgefährten. Groß war die Freude über das Wiedersehen und die Rettung so vieler Koalas aus den Gefahren des Feuers, des Hochwassers und des Hungers. Bald darauf

feierten Ko und Ala Hochzeit. Wombat, der behäbige und ernste Waldbewohner, sprach einige feierliche Worte, aber seine Stimme versagte vor Rührung, sodass keiner verstand, was er sagen wollte. Aber was machte das schon aus? Der Glockenvogel ließ seine silberhelle Stimme erschallen, der Leierschwanz schlug sein allerschönstes Rad, der Lachvogel sorgte für Heiterkeit und die Kakadus krächzten nach Herzenslust. Als Hochzeitsschmaus gab es die erlesensten Leckerbissen: Eukalyptusschösslinge, Eukalyptusblüten und Eukalyptussalat, und zum Nachtisch Eukalyptusbonbons. Mit dem Kängurutanz und einem Emuvorbeimarsch fand das Fest sein Ende, und alle Tiere gingen schlafen, auch Ko und Ala. Sie hatten ihre gefährlichen Abenteuer schnell vergessen, denn vor ihnen lag ein wunderschönes Leben im riesigen Koalapark, mitten im australischen Busch. Und wenn Tim und Betty zu Besuch kamen, durften sie die niedlichen Koalas auf den Arm nehmen und mit ihnen spielen.

I
Als die Sonne aufging eines Morgens
über einer kleinen Stadt im Tal,
sah sie auf dem Marktplatz sieben Buden,
und die sah sie dort zum ersten Mal.

Sieben Buden voller Hauptgewinne,
Zuckerwatte, Luftballons und Eis.
Doch sie waren alle noch geschlossen
und die Rostbratwürstchen noch nicht heiß.

Plötzlich sahen die Jahrmarktsbudenleute,
wie ein Zauberer mit drei Kindern kam,
die ihm eine Zauberbude bauten,
während er sich eine Bratwurst nahm.

Nagelten die Kinder Tür und Wände,
Tisch und Dach und malten alles blau,
schleppten schwere Kisten in die Bude
und vor Hunger waren sie ganz grau.

Kroch der Zauberer in die Zauberbude,
packte seine sieben Kisten aus
und die Kinder hockten in der Ecke,
denn der Zauberer ließ sie nie hinaus.

DIE ZAUBERBUDE

II
Seufzend kam der Hans dahergetrottet,
wie an jedem Morgen um halb acht.
Musste in die Schule gehen und hatte
wieder keine Hausarbeit gemacht.

Er war jener wunderlichen Ansicht,
Lernen sei für ihn nicht aktuell.
Denn er wollte Radrennfahrer werden
und er fuhr sogar schon ziemlich schnell.

Auf dem Marktplatz traf der Hans die Hanna,
mit zwei kleinen Zöpfen unterm Hut.
Hanna konnte schwimmen, singen, tanzen
und war in der Schule klug und gut.

Hand in Hand bestaunten sie die Buden,
blieben überall ein Weilchen stehn.
Als der Zaubrer plötzlich vor sie hin trat,
konnten sie vor Schreck nicht weitergehn.

Auf dem schwarzen Hut des Hexenmeisters
saß tatsächlich eine grüne Maus!
Und aus Hannas Ranzen zog er langsam
eine goldne Armbanduhr heraus.

Lockte: »Gebt mir eure klugen Bücher –
Lesen, Rechnen, Singen – alle drei.
Dann könnt ihr euch alles von mir wünschen!
Jedes Ding schaff ich sogleich herbei!«

Doch die kleine, schlaue Hanna fragte:
»Sag, aus welchen Büchern lern ich dann?
Ich will einmal Kinderärztin werden,
dass ich allen Kindern helfen kann.«

Hans dagegen hatte andre Wünsche:
Er wollte gern ein Pferd und noch viel mehr.
Dachte, Bücher könnte ihm nichts nützen.
Rief: »Ich komm heute Abend wieder her!«

III

Als der Mond dann hinterm Berg hervorkam,
stumm, weil doch der Mond nicht singen kann,
brannte man am Marktplatz die Laternen
und fünfhundert bunte Lämpchen an.

War das ganze Städtchen wie verzaubert,
war der ganze Marktplatz voller Licht.
Doch der alte Mond am Dämmerhimmel
zog ein sehr verärgertes Gesicht.

Hans stand vor des Zauberers Wunderbude,
denn hier gab es vielerlei zu sehn;
waren da drei große starre Puppen,
konnten nicht einmal die Köpfe drehn.

Schlug der Zauberer mit dem Zauberstabe
auf den Tisch, bewegten sich die drei;
mussten Blumen aus Papier verkaufen,
sprachen nicht ein einzig Wort dabei.

Hans gefiel des Zauberers leichte Mühe,
wollte selbst gern ein Zauberer sein;
brauchte dann nicht mehr zur Schule gehen,
und ihm fielen hundert Wünsche ein.

Schenkt der Zauberer ihm drei grüne Blumen.
Blumen? Und dazu noch aus Papier!
Dafür geb ich nicht die teuren Bücher!
Rief der Zauberer: »Komm her zu mir!«

Und er bot ihm vieles bunte Spielzeug
für die unbequemen Bücher an.
Aber Hans erträumte sich schon etwas,
womit man spazieren fahren kann.

Er bekam zu seiner großen Freude
eine gelbe Kutsche und ein Pferd,
einen stolzen, schlanken Apfelschimmel.
Ja, der war dem Hans die Bücher wert.

Fuhr er seine Freude schnell nach Hause,
band sie dort an den Laternenpfahl.
Doch am nächsten Morgen, als er aufstand,
traf das Pferd der erste Sonnenstrahl.

Und es schmolz das Pferd und auch die Kutsche,
so als wären beide nur aus Schnee.
Hans sah ganz erschrocken auf die Straße;
glitzerte dort nur ein kleiner See.

IV
Traurig ging der Junge in die Schule
mit den großen Fenstern voller Licht.
Und wenn ihn der Lehrer etwas fragte,
sagte Hans: »Das weiß ich leider nicht.«

Konnte nicht mehr lernen in den Büchern,
hatte keine Hausarbeit gemacht.
Und der Lehrer schrieb in sein Notizbuch:
Hans hat nichts gewusst und nicht gelacht.

Auf dem Heimweg klagte Hans und fragte:
»Liebe Hanna, ach, was wird denn nun?«
Hanna sagte: »Will man klüger werden,
muss man selber etwas dazu tun!«

Liefen beide Kinder schnell zum Marktplatz,
wo die große Zauberbude stand;
klopften dort mit ihren kleinen Fäusten
an die hohe blaue Bretterwand.

Als der Zauberer endlich dann herauskam,
lachte er und schlug sich auf den Bauch.
»Ist dein Pferd zu Wasser dir geworden,
ei, so sind mir's deine Bücher auch.«

»Höre, Zaubrer«, sagte Hans erbittert,
»ohne Bücher muss ich ganz bestimmt
noch mal in den Kindergarten gehen –
wenn man mich dort überhaupt noch nimmt.«

»Aber, aber!«, sprach der Zauberer schmeichelnd,
»so gefährlich wird es schon nicht sein.
Will dich dein Herr Lehrer nicht mehr haben,
gut, dann stelle ich dich bei mir ein!«

Hans trat in die alte blaue Bude,
wo der Zauberer verborgen hielt
vieler fauler Kinder kluge Bücher.
Rief der Zauberer: »Jetzt hast du verspielt.«

Und so musste nun auch Hans gehorchen,
hob die Blumen nach des Zauberers Takt,
konnte keinen rufen, keinem winken,
böser Zauber hielt ihn fest gepackt.

V

Und das kleine, kluge Mädchen
Hanna hatte alles das mit angesehn,
konnte es nicht fassen, doch sie ahnte,
was dem kleinen, dummen Hans geschehn.

Rannte, rannte fort in alle Straßen,
lief treppauf, treppab von Haus zu Haus
und aus jedem kamen zwei, drei Kinder
und aus einem sogar siebzehn raus.

Alle Kinder wollten Hans befreien,
aber leider wussten sie nicht, wie.
Hanna sagte: »Es kann nur gelingen,
wenn wir klug sind und voll Fantasie!«

VI

Abends trafen sich die Kinder wieder,
alle hatten Bücher mitgebracht.
Kroch der Mond vor Schreck in eine Wolke,
und dort hockte er die halbe Nacht.

Sah die Kinder nicht zum Marktplatz ziehen,
wo der Zauberer vor die Bude trat,
die willkommenen Gäste zu begrüßen:
»Kinder, kommt und hört auf meinen Rat!

Schenkt mir eure Bücher, und ich werd euch
alles dafür zaubern, was ihr wollt!
Niemals würde ich von euch verlangen,
dass ihr in die Schule gehen sollt.

Sagt, was soll die Klugheit euch nur nützen?
Wozu braucht denn jeder Mensch ein Ziel?
Kommt mit mir und tut, was ich euch heiße!
Müh und Fleiß verlange ich nicht viel.«

»Einverstanden!«, riefen da die Kinder.
Das gefiel dem alten Scharlatan,
denn ihm schien, er habe schon gewonnen,
ahnte nicht einmal der Kinder Plan.

Übermütig trat die kleine Hanna
hin vor ihn: »Spiel mit uns Blindekuh!
Jeder, den du fangen kannst, kommt mit dir!«
Und sie band ihm die Augen zu.

DIE ZAUBERBUDE

Freute sich der Zauberer und dachte:
Viele Kinder schaffen auch viel mehr!
Alle, alle werde ich mir fangen;
so etwas ist ja für mich nicht schwer!

Und die Kinder schrien: »Hierher! Hierher!«
Aber weil der Zauberer nichts sah,
war es schwierig für ihn, eins zu fangen,
merkte er nicht, was derweil geschah.

Hanna und fünf kleine, tapfre Jungen
drangen in die Zauberbude ein.
Starr und stumm, verzaubert wie vier Puppen,
standen dort vier Kinder, kalt wie Stein.

Hanna suchte schnell die klugen Bücher,
die der böse Zauberer hier verbarg.
Wusste schon: Mit ihnen wird man klüger,
schöner, größer, glücklicher und stark.

Gab sie rasch den Kindern in die Hände.
Hat sie damit alle vier erweckt.
Selbst der alte Mond stieg aus der Wolke,
darin er die halbe Nacht gesteckt.

Hans war glücklich, gab der kleinen Hanna
einen spitzen Kuss auf das Gesicht,
und die anderen drei erlösten Kinder
traten Hand in Hand mit ihm ins Licht.

Doch der Zauberer hatte wohl die Freude
der befreiten Kinder schon gehört;
schrie: »Ich bin bestohlen! Helft mir! Helft mir!
Alle meine Mühe ward zerstört!«

Riss sich die Binde von den Augen,
brach vor Wut den Zauberstab entzwei,
schmolz zusammen wie ein alter Schneemann;
und sein böses Spiel war nun vorbei.

Als die Sonne aufging am nächsten Morgen
über jener kleinen Stadt im Tal,
sah sie Hans vergnügt zur Schule gehen,
und so sah sie ihn zum ersten Mal.

Erntezeit ist es. Es summt und klingt auf den weiten Feldern und im Dorf. Am Anfang des Dorfes stehen sieben bunte Bauernhäuser.

Liesel wohnt im bunten Bauernhaus am kleinen Teich. Dort stehen drei Weiden und die Hütte des Hundes Lux. Aber Lux liegt nicht an der Kette. Er ist ein kluger Hund. Er beißt keine kleinen Kinder und lässt auch den Briefträger in Ruhe. Liesel balgt sich gern mit ihm.

Es ist frühe Mittagszeit. Liesel sitzt auf der grünen Bank vor dem Haus. Sie gibt ihrer Puppe aus dem Milchfläschchen zu trinken. Nun trink schön, damit du groß und stark wirst, sagt Liesel. Da kommt die Mutter aus der Tür gelaufen und sagt: Hör zu! Die bunte Kuh bekommt ein Kälbchen. Ich will zum großen Stall. Helfen.

Ein Kälbchen, denkt Liesel. Und sie fragt: Kann ich mitkommen? Nein, Lieselchen, sagt die Mutter. Du passt bitte auf die kleinen Entlein auf. Der Stößer fliegt über den Weiden. Das ist ein Räubervogel. Der will die Entlein holen. Pass gut auf! Ja, sagt Liesel. Und die Mutter huscht weg wie ein Wirbelwind.

Liesel aber ist ganz allein mit Lux. Des Nachbars Fritz ist in der Schule. Die Bäuerinnen und Bauern arbeiten auf dem Feld und Liesels Bruder Hein auch. Er brummt mit dem großen Mähdrescher über den Acker.

So steht Liesel am Teich mit einem kleinen Stöckchen in der Hand und sagt: Hule, hule, alle meine Entlein.

Ab und zu guckt sie über die Weidenbäume nach dem Stößer. Auch Lux sieht nach dem Stößer. Er sieht auch auf die Entlein. Lux passt scharf auf.

Liesel aber wippt mit ihrem Söckchen und ruft: Hule, hule, alle meine Entlein.

Als ein halbes Stündchen vergangen ist und der Stößer nichts tut, wird es ihr langweilig. Sie guckt ein bisschen trantütig durch den Zaun. Da kommt die Landstraße entlang ein großes, rattern-

des, freundliches Ungetüm: der Mähdrescher. Das ist eine mächtige, hohe gelbfarbene Maschine auf Rädern.

Sie hilft den Bauern. Sie besorgt die Arbeit von hundert Menschen.

Eine richtige Zaubermaschine ist das. Sie mäht das Getreide, drischt es, füllt das Korn in Säcke und bündelt das Stroh. Da braucht der Müller nur noch das Korn mahlen. Dann kann duftendes Brot gebacken werden. Liesel weiß das und sie winkt ihrem großen Bruder Hein mit beiden Händen. Hein lenkt den Mähdrescher. Er passt gut auf, dass er keine Gänse überfährt. Liesel winkt und lacht. Plötzlich hört sie lautes Bellen und aufgeregtes Schnattern.

Sie dreht sich um und bekommt einen großen Schreck: Nach allen Seiten sind die Entlein auseinandergewatschelt. Der Lux aber steht am Teich und bellt und bellt. Und der Stößer fliegt flüchtend über die Weiden. Er wollte die Entlein rauben. Lux hat den bösen Stößer verjagt.

Liesel springt schnell zum Teich. Hastig und angstvoll treibt sie ihre Entlein zusammen. Aber der Stößer ist nicht mehr zu sehen. Lux steht groß vor seiner Hütte.

Nun zählt Liesel ihre Entlein. Sie zählt mit den Fingern mit: Ja, sechs Entlein. Ein Entlein fehlt.

Da ist sie wütend über ihre Unachtsamkeit, zornig auf den Stößer und voll Trauer um das kleine Entlein. Zwei dicke Tränen hat Liesel in den Augen. Sie geht ganz langsam zu Lux und sagt: Guter Lux.

Aber Lux, der Gute und Freundliche, knurrt. Was hast du, fragt Liesel. Bist du böse? Sie hört ein schüchternes, verschrecktes Entenschnattern. Ganz leise ist es und kommt von Lux her. Ja, Lux!, ruft Liesel erschrocken. Hast du das Entlein gefressen? Da ist der Lux beleidigt. Er geht steifbeinig zur Seite. Und Liesel? Liesel sieht im Stroh der Hundehütte das kleine piepsige Entlein, das siebte. Lux hatte es bewacht.

Ach, du guter Lux!, sagt Liesel noch mal. Sie schämt sich ein bisschen vor dem Hund. Dann trägt sie das siebte Entlein behutsam zum Teich.

Im Teich schwimmen die sechs anderen Entlein und stecken fröhlich den Steert in die Höhe. Liesel ist wieder glücklich und bewacht die Entenkinder. Bald darauf kommt die Mutter mit anderen Bäuerinnen und Bauern vom großen Stall herüber. Auch der Hein ist dabei. Und Fritz mit der Schulmappe.

Na, du Entenliesel!, ruft Hein. Und die Mutter fragt: Hast du brav aufgepasst? Liesel sagt mit ganz kleiner Stimme: Ich nicht. Aber der Lux. Da lachen die anderen, und die Mutter sagt: Die Bunte hat ein Kälbchen bekommen. Ein buntes Kälbchen mit langen Staksbeinen. Du darfst es dir morgen ansehen.

Heidi spielt mit Monika,
artig sitzt ihr Püppchen da.
Monika kann richtig stehn,
an der Hand sogar schon gehn.

Heidi wäscht und kämmt sie dann,
zieht ihr Kleid und Schuhe an,
setzt sie in den Stuhl hinein,
es wird Zeit zum Essen sein.

Heidi rührt den Puppenbrei.
Puck, der Dackel, kommt herbei,
weil er auch gern spielen will,
doch die Monika bleibt still.

Aber ihm gefällt es nicht,
dass die Puppe gar nicht spricht,
und er bellt und trägt sie fort
in die Ecke unters Bord.

BEIM PUPPENDOKTOR

Heidi lässt den Brei nun stehn,
will nach ihrer Puppe sehn,
jagt den Dackel gleich davon,
aus dem Fenster springt er schon.

Plumps! Er fällt ins Regenfass
und sein Fell wird pudelnass!
Nur mit Müh' kommt er heraus
und verschwindet hinterm Haus.

Püppchen wird aufs Bett gelegt.
Heidi ist sehr aufgeregt,
denn der Puppe fehlt der Zopf
und sie hat ein Loch im Kopf!

Auch die Finger sind verletzt.
Heidi sucht sich Lappen jetzt,
wickelt dann um Kopf und Hand
selber schnell den Notverband.

In den Wagen kommt das Kind,
denn es muss zum Arzt geschwind.
Heidi fährt nun eilig hin
zu der Puppendoktorin.

Viele Leute sitzen da,
Puppen, Teddys mit Mama,
warten auf der langen Bank,
jedes Puppenkind ist krank.

Diesem fehlt das rechte Bein,
jenes nimmt kein Essen ein
und ein brauner Teddybär
fürchtet sich vorm Kater sehr.

Krank ist auch der Hampelmann,
weil er nicht mehr strampeln kann,
und ein schwarzes Negerkind
ist auf einem Auge blind.

Eine Puppenmutter klagt,
dass ihr Kind nicht »Mama« sagt,
schon zwei Jahre sorgt sie sich,
taubstumm ist es sicherlich.

Und ein Baby lernt nicht stehn,
das ist ihm gleich anzusehn,
seine Knochen sind zu weich,
Lebertran bekommt es gleich.

BEIM PUPPENDOKTOR

Seht, wer kommt denn da herein?
Das ist ja das Kasperlein,
weit und breit, in Stadt und Land
allen Kindern wohlbekannt!

Unser Kasperle ist krank,
weil er kaltes Wasser trank,
bittre Pillen schluckt er nun,
darf drei Tage gar nichts tun.

Jetzt erzählt uns Gisela,
was mit ihrem Kind geschah:
»Meine Puppe, dick und rund,
war noch gestern kerngesund.

Heute ist sie dünn und blass,
jeder sagt: Der fehlt doch was!
Ja, sie schlenkert hin und her,
kann nicht stehn, nicht sitzen mehr.

Doch ich weiß, mein Bruder Klaus
nahm das Sägemehl heraus,
für sein Holzpferd, sagte er,
weil es gut als Futter wär.

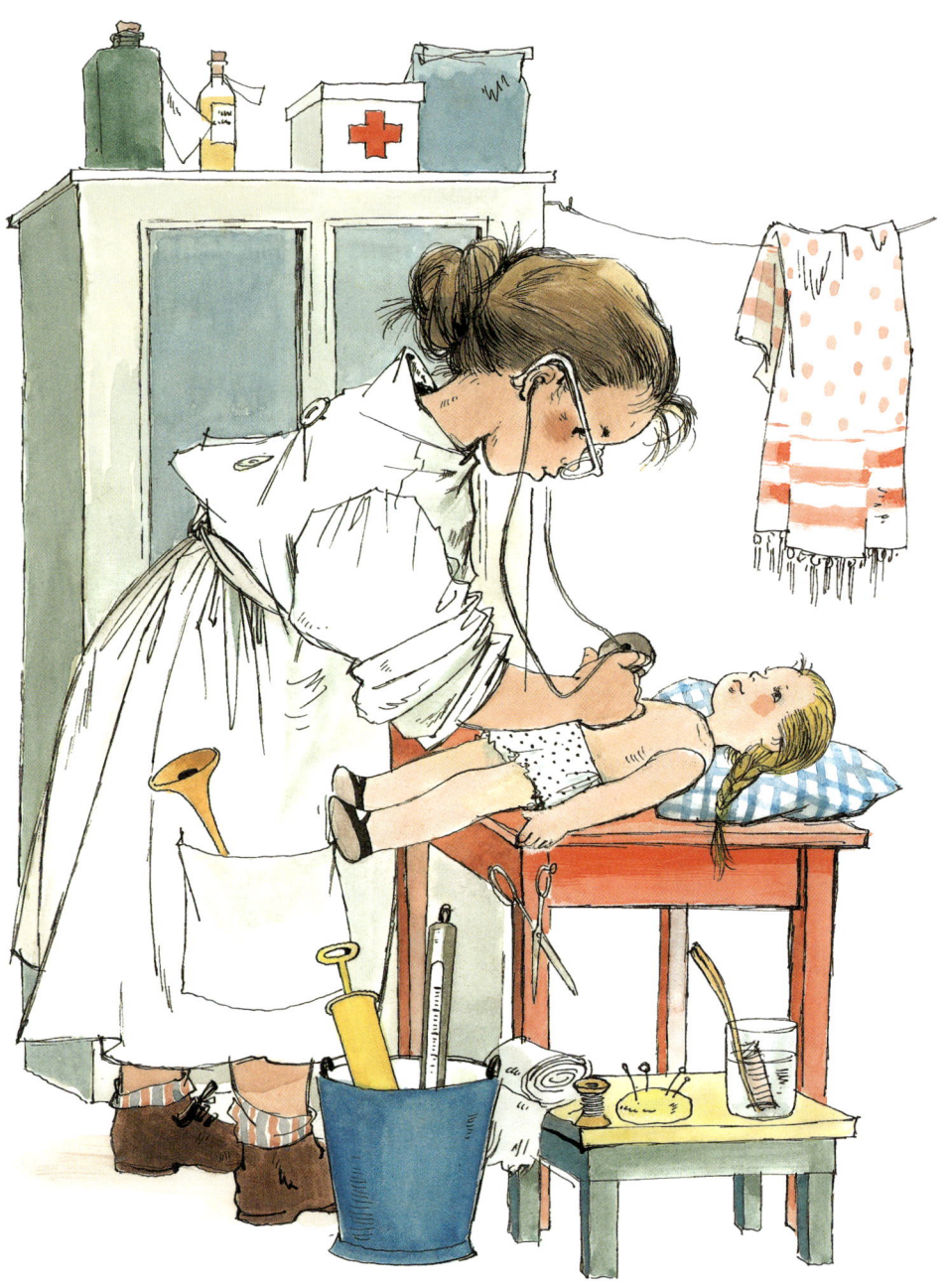

Als ich weinte, gab er mir
seinen roten Ball dafür.
Die Frau Doktor hilft gewiss,
heilt das Kind und näht den Riss.«

Heidi soll die Nächste sein,
geht ins Zimmer nun hinein.
Freundlich winkt die Doktorin,
Heidi hält die Kranke hin.

»Ach, Frau Doktor, sehn Sie doch,
hier im Kopf das große Loch
biss dem Püppchen unser Hund,
bitte machen Sie's gesund!«

Sorgsam untersucht die Frau,
fühlt und klopft und horcht genau,
löst vom Kopf und von der Hand
auch den alten Notverband.

Zugenäht wird dann der Spalt,
Salbe heilt die Wunden bald,
frisch verbunden wird der Kopf,
angeklebt ein neuer Zopf.

»Wird das Kind nun recht gepflegt
und nicht immerzu bewegt,
ist es Sonntag schon gesund,
hüten Sie es vor dem Hund!

Etwas Milch und Haferbrei
ist die beste Kost dabei;
sollte es vielleicht noch schrein,
geben Sie ihm Tropfen ein.«

Heidi zieht die Puppe an,
legt sie in den Wagen dann,
dankt auch noch der Doktorin
für die gute Medizin.

Und sie fährt nach Haus geschwind
mit dem kranken Puppenkind,
das muss heut und morgen nun
still in seinem Bettchen ruhn.

Es war einmal ein dummer Iwanuschka, ein hübscher Bursch, doch was er auch tat, es ging ihm daneben, gar nicht wie bei anderen Leuten.

Ein Bauer nahm ihn als Knecht, und als der Bauer mit seiner Frau in die Stadt wollte, sprach die Frau zu Iwanuschka: »Du bleibst jetzt mit den Kindern allein, pass auf sie auf und gib ihnen zu essen.«

»Was denn?«, fragte Iwanuschka.

»Nimm Wasser, Mehl und Kartoffeln, die schneidest du klein und kochst Suppe daraus.«

Der Bauer aber befahl ihm: »Hab die Tür im Auge, dass die Kinder nicht in den Wald laufen!«

Der Bauer fuhr mit seiner Frau davon, Iwanuschka aber stieg zum Schlafboden hinauf, weckte die Kinder, holte sie herunter, setzte sich hinter sie und sprach: »So, jetzt pass ich auf euch auf.«

Eine Zeit lang saßen die Kinder auf dem Fußboden, dann verlangten sie was zu essen.

Iwanuschka schleppte einen Kübel Wasser ins Haus, schüttete einen halben Sack Mehl und einen Eimer Kartoffeln hinein, rührte mit dem Tragholz um und überlegte laut: »Wen sollte ich doch klein schneiden?«

Die Kinder hörten es und erschraken. »Vielleicht will er uns klein schneiden?« Und sie schlüpften aus dem Haus.

Iwanuschka guckte ihnen hinterher, kratzte sich den Nacken und sagte nachdenklich: »Wie soll ich jetzt auf sie aufpassen? Außerdem muss ich die Tür im Auge haben, damit sie nicht wegläuft.« Er guckte in den Kübel und sprach: »Du koche nur, Suppe, ich geh inzwischen auf die Kinder aufpassen.«

Er hob die Tür aus den Angeln, nahm sie auf die Schulter und ging in den Wald. Plötzlich kam ihm der Bär entgegen, er brummte verwundert: »He, du, warum schleppst du Holz in den Wald?« Iwanuschka erzählte ihm, was geschehen war.

Der Bär setzte sich auf die Hintertatzen und lachte schallend. »Was bist du doch für ein Dummkopf! Dafür fress ich dich jetzt.« Iwanuschka aber sprach: »Friss lieber die Kinder, damit sie das nächste Mal auf die Eltern hören und nicht in den Wald laufen.« Da lachte der Bär noch lauter, ja, er kullerte vor Lachen über die Erde. »So was von Dummbart hab ich noch nie gesehen! Komm mit, ich will dich meiner Frau zeigen.«

Er führte Iwanuschka zu seiner Höhle. Iwanuschka ging mit und die Tür stieß gegen die Kiefernbäume.

»So wirf sie doch weg!«, sagte der Bär.

»Nein, ich muss Wort halten, ich hab doch versprochen, sie im Auge zu haben, und das tu ich auch.«

Sie kamen in die Höhle. Der Bär sagte zu seiner Frau: »Sieh mal, Mascha, was für einen Tölpel ich mitbringe! Zum Totlachen ist der!«

Iwanuschka aber fragte die Bärenfrau: »Tante, hast du die Kinderchen nicht gesehen?«

»Ja, meine, die sind zu Hause und schlafen.«

»Zeig sie mir doch mal. Vielleicht sind es meine?« Die Bärin zeigte ihm ihre drei Jungen.

»Nein, das sind sie nicht«, sagte er. »Ich hatte nur zwei.«

Da sah auch die Bärenfrau, wie einfältig er war, und sie lachte. »Aber du hattest doch Menschenkinder!«

»Das schon«, sprach Iwanuschka, »aber halte das mal auseinander, wenn sie noch so klein sind.«

»Du bist ja ein Spaßvogel!«, rief die Bärin verwundert, dann sagte sie zu ihrem Mann: »Michailo Potapytsch, wir werden ihn nicht fressen, soll er lieber als Knecht bei uns bleiben.«

»Na schön«, willigte der Bär ein, »er ist zwar ein Mensch, aber doch recht harmlos.«

Da gab die Bärenfrau Iwanuschka ein Bastkörbchen und befahl ihm: »Los, geh Waldhimbeeren sammeln. Wenn meine Kinderchen aufwachen, will ich ihnen was Leckeres zu futtern geben.«

»Gut, das kann ich machen!«, sagte Iwanuschka. »Aber ihr müsst auf die Tür aufpassen.«

Iwanuschka ging zu einem Himbeergestrüpp im Wald, sammelte das Körbchen voll Beeren, aß sich selber satt, kehrte dann zu den Bären zurück und sang aus vollem Halse: »Ach, sind sie tölpisch, die Herrgottspferdchen! Dagegen ganz hurtig – Eidechs und Emschen!«

Er kam in die Höhle und rief: »Da sind sie, die Himbeeren!«

Die kleinen Bären eilten zu dem Körbchen, brummten, stießen einander, schlugen Purzelbäume, so sehr freuten sie sich! Iwanuschka aber schaute sie an und sprach: »Ach je, wie schade, dass ich kein Bär bin, dann hätte ich jetzt Kinder.«

Der Bär und seine Frau lachten.

»Ei, du liebe Güte!«, brummte der Bär. »Mit ihm kann man nicht leben, da stirbt man ja vor Lachen!«

»Hört zu«, sagte Iwanuschka, »passt ihr hier auf die Tür auf, und ich gehe die Kinderchen suchen, sonst krieg ich's mit dem Bauern zu tun!«

Da bat die Bärin ihren Mann: »Mischa, hilf ihm doch!«
»Mach ich«, willigte der Bär ein, »er ist zu ulkig!«

Der Bär und Iwanuschka gingen die Waldwege entlang und unterhielten sich wie gute Freunde. »Nein, was bist du doch dumm!«, sagte der Bär verwundert.

Iwanuschka aber fragte ihn: »Und du, bist du klug?«

»Ich?«

»Ja doch!«

»Ich weiß nicht.«

»Ich weiß auch nicht. Bist du böse?«

»Nein, warum?«

»Ich meine, wer böse ist, der ist auch dumm.

Ich, siehst du, bin auch nicht böse.

Also sind wir beide nicht dumm, du und ich!«

»Sieh einer an, wie du das hingekriegt hast!«, wunderte sich der Bär. Plötzlich sahen sie unter einem Busch zwei Kinder sitzen und schlafen.

»Das sind wohl deine?«, fragte der Bär.

»Ich weiß nicht«, sprach Iwanuschka, »ich muss sie fragen. Meine, die hatten Hunger.«

Er weckte die Kinder und fragte: »Habt ihr Hunger?«

»Schon lange!«, riefen sie.

»Na bitte«, sagte Iwanuschka, »also sind es meine! Ich führe sie jetzt ins Dorf, und du, Onkel, bring bitte die Tür hin, denn ich hab keine Zeit, ich muss noch Suppe kochen.«

»Na schön«, sagte der Bär.

»Ich bring sie dir hin.«

Iwanuschka ging hinter den Kindern her, passte auf sie auf, wie ihm befohlen war, und sang dazu: »Ach, ich wag es kaum zu sagen: Käfer tun jetzt Hasen jagen, unterm Busch dort sitzt der Fuchs, staunt nur über diesen Jux.«

Er kam in die Hütte, da war seine Herrschaft schon aus der Stadt zurück. Mitten in der Stube der Kübel, bis obenhin voll Wasser, Kartoffeln und Mehl hineingeschüttet, die Kinder nicht da, die Tür verschwunden. Der Bauer und seine Frau saßen auf der Bank und weinten bitterlich.

»Warum weint ihr denn?«, fragte Iwanuschka.

Da erblickten sie ihre Kinder, sie freuten sich sehr und umarmten sie, dann zeigten sie auf die Kocherei im Kübel und fragten Iwanuschka: »Was hast du da gemacht?«

»Suppe!«

»Aber doch nicht so!«

»Woher soll ich wissen, wie man's macht?«

»Und wo ist die Tür geblieben?«

»Die wird gleich gebracht. Da ist sie schon!«

Der Bauer und seine Frau schauten zum Fenster hinaus. Da kam der Bär die Straße entlang und schleppte die Tür. Die Leute liefen vor ihm nach allen Seiten auseinander, kletterten auf Dächer und Bäume, die Hunde erschraken und blieben vor Angst in Flechtzäunen und Hoftoren stecken, nur ein rotbunter Hahn stand mutig mitten auf der Straße und krähte den Bären an: »Pick-dich-ins-Kniieee!«

Katrin Pieper

Die große Reise des kleinen Jonas

mit Illustrationen von Ingeborg Friebel

Die Geschichte vom Jonas fängt mit einem kleinen Flugzeug an und hört mit einem großen Flugzeug auf. Das kleine Flugzeug zum Aufziehen, das steckt in der linken Hosentasche vom Jonas. Das große aber sehen Jonas und die Kindergartenkinder immer, wenn sie mit Tante Ulla spazieren gehen. Es brummt fröhlich am blauen Himmel dahin und wackelt vergnügt mit den Flügeln. Alle Kindergartenkinder bleiben dann stehen. Und rufen: »Unser Flugzeug ist wieder da!« Jonas aber läuft mit ihm ein Stückchen mit und sagt: »Guten Tag, Flugzeug, guten Tag!«

»Es fliegt nach Moskau«, erzählt er seinem Freund Heiner. »Moskau ist eine große, große Stadt und weit weit weg von hier. Und ich wünsche mir, einmal mit dem Flugzeug nach Moskau zu fliegen. Ich hab's der Mutti schon gesagt.« Jonas hat bald Geburtstag. Er kann die Tage bis dahin an den Fingern abzählen. Jeder Finger bedeutet einen Tag. Wenn kein Finger mehr übrig bleibt – dann ist Geburtstag. Jonas kommt vom Kindergarten nach Hause und stolpert mit einem Schwuppdich über einen funkelnagelneuen Koffer. Ein neuer Koffer! Jonas springt auf wie ein Sausewind, stürmt zur Mutti und fragt: »Mutti? Verreisen wir?« Da packt ihn die Mutti und wirbelt den Jonas durchs Zimmer, immer rundherum. Dann setzt sie ihn auf einen Stuhl und sagt: »Ja! Wir fliegen! Morgen an deinem Geburtstag fliegen wir mit deinem großen Flugzeug nach Moskau!« Endlich ist es Morgen, endlich geht es los. Mutti,

Jonas und der funkelnagelneue Koffer gehen auf die Reise. Da steht das Flugzeug. Groß ist es, riesengroß. Aber es schläft noch. Jonas geht ganz dicht heran und sagt: »Guten Morgen, Flugzeug. Verschlaf nur nicht. Wir wollen doch heute nach Moskau fliegen.« Und kaum sitzen Jonas und die Mutti auf den Plätzen, da beginnt das Flugzeug zu dröhnen und zu zittern. Dann rollt es los. Es steigt schnell höher, immer höher; über die Dächer hinweg, durch die Wolken in den blauen Himmel hinein. Jonas zieht sein kleines Flugzeug aus der Tasche und sagt zu ihm: »Siehst du, so sieht es in einem richtigen großen Flugzeug aus.«

Klein ist die Erde da unten, spielzeugklein. Die Häuschen und Bäumchen hätten Platz auf einer Hand gefunden. Sie sind nicht größer als das Flugzeug zum Aufziehen. Jonas steckt es wieder in die Tasche. So fliegen eigentlich zwei Flugzeuge mit dem Jonas nach Moskau. Und die Reise geht schnell. Hoppla – da steht der Jonas auf dem Moskauer Flugplatz. Ringsum starten und landen blanke, glänzende Flugzeuge. Vergnügt spaziert Jonas hinter der Mutti her, geradewegs auf eine Taxe zu. Der Fahrer öffnet die Tür und sagt: »Sdrastwui!«

»Waaaas, was sagt er?«, fragt Jonas. »Ich kann gar nichts verstehen.«

»Er sagt dir Guten Tag, aber er spricht russisch. Wenn du ihm auch Guten Tag sagen willst, musst du sdrastwui sagen.« Das macht Spaß, aber es ist schwer, dieses Wort auszusprechen. Jonas spricht ganz langsam: »Sdrast-wui.« Der Fahrer lacht und nickt ihm zu.

Er sagt: »Poshaluista«, und lädt zum Einsteigen ein.

»Was hat er jetzt gesagt, Mutti?«

»Bitte, er meint, wir sollen ins Auto einsteigen.«

»Und was muss ich jetzt sagen?«

»Sag Danke, das heißt: spaßibo.« Das ist ein leichteres Wort. Jonas kann es gleich ganz schnell sprechen. Dann springt er ins Auto und fährt in die große, bunte, fremde Stadt. Am nächsten Tag gehen Jonas und Mutti Moskau Guten Tag sagen. Sie fahren mit der U-Bahn, die hier Metro heißt. Eine lange Rolltreppe trägt sie aus dem Bahnhof hinauf auf die glitzernde Straße. So viele Autos! Jonas zählt sie: 1, 2, 3, 4, 5, 6, 7, 8, 9, 10 – ach, es sind viel mehr Autos, aber Jonas kann nur bis 10 zählen. »Dann zählst du eben die Verkehrspolizisten«, rät ihm die Mutti. Plötzlich stehen Mutti und Jonas auf einem großen, ganz roten Platz. Jonas bekommt kugelrunde Augen, so sehr muss er gucken. Wie im Märchen stehen da rote Türme mit goldenen Spitzen und rundherum eine große rote Mauer. »Das ist der Kreml«, sagt die Mutti, »und der Platz heißt der Rote Platz.« Kreml ist ein lustiger Name. Und der Platz heißt Roter Platz, weil er ganz und gar aus roten Steinen gebaut ist. »Mutti«, ruft Jonas plötzlich, er hat einen Eisstand entdeckt. »Mutti, bitte ein Eis! Kauf mir ein Eis!« Aber die sagt Nein und kauft ihm keins. Oh, was der Jonas jetzt brummig ist. Langsam geht er zum Eisstand hinüber. Wie Eis wohl auf Russisch heißt? Ganz dicht stellt er sich neben die Eisverkäuferin und guckt ihr zu. Erwachsene Leute kommen und Kinder auch. Sie legen alle ihr Geld auf den Tisch und bekommen ein Eis. Eis heißt: moroshenoje.

Da fällt dem Jonas etwas ein, etwas Freches, etwas, worüber Mutti sicher schimpfen würde: Wenn er nun einfach die Verkäuferin um ein Eis bittet? Zu Hause hat er schon mal ein Eis von der

Verkäuferin geschenkt bekommen. Jonas guckt die Tante ganz lieb an und sagt dann leise: »Poshaluista moroshenoje.« Die Verkäuferin lacht ihn lustig an und denkt: So ein Schlingel! Aber dann sucht sie ihm das schönste und dickste Eis heraus und reicht es ihm über den Tisch. Jonas macht eine tiefe Verbeugung und sagt: »Spaßibo!« – »Poshaluista«, erwidert die Verkäuferin und zwinkert ihm zu. Mutti und Jonas gehen nun in das große Kaufhaus am Roten Platz. Es heißt Gum und ist voller Menschen, die sich drängeln. Wenn ich bloß nicht mein Flugzeug verliere, denkt Jonas. Er lässt Muttis Hand los und fasst in die Hosentasche. Das Flugzeug ist da. Aber auf einmal ist die Mutti weg. Erschrocken bleibt Jonas stehen. »Mutti!«, brüllt er, und noch einmal: »Mu-u-u-utti.« Die Menschen bleiben stehen und drehen sich nach ihm um. Aber Jonas rennt quer durch das ganze Kaufhaus, vorbei an den Verkaufstischen, an den Verkäuferinnen ... Aber die Mutti ist nicht zu sehen. Müde und traurig setzt sich Jonas auf den Hocker dicht neben der Ausgangstür des Kaufhauses. Wenn sie hier herauskommt, wird sie mich sicher finden, denkt er. Da stupst ihn etwas. Unter dem Hocker lugt eine schwarze kleine Hundeschnauze hervor, dazu gehören ein Paar lustige schwarze Augen und ein schwarzes, lockiges Fellchen. Ein Pudel! »Wie kommst denn du hierher?«, fragt ihn Jonas. »Beißt du vielleicht?« Aber der Pudel denkt gar nicht daran. Er leckt sich sein Schnäuzchen, kratzt sich hinter dem Ohr und springt laut bellend am Jonas hoch. Jonas nimmt ihn bei den Pfötchen und tanzt mit ihm einen kleinen Ringelreihen. Dann setzt er sich auf den Hocker. Der Pudel – hast du nicht gesehen – springt ihm auf den Schoß. Jonas lacht und streichelt ihm sein

lockiges Fellchen. »Wie heißt du eigentlich? Ich werde dich Fellchen nennen.« Der Pudel ist zufrieden. »So, jetzt musst du aber runter. Ich muss die Mutti suchen«, sagt Jonas und setzt Fellchen vorsichtig auf die Erde. Der aber blafft und winselt, springt und zerrt an der Leine. »Soll ich dich einfach losbinden und mitnehmen?«, fragt Jonas.

Fellchen steht mucksmäuschenstill, nur sein Stummelschwänzchen bewegt sich manchmal. »Ich kann dich doch nicht alleine lassen«, flüstert Jonas; und dabei bindet er schon den Pudel los. Aber er hat ein sehr schlechtes Gewissen. Denn eigentlich darf er den Hund nicht losmachen. Und ins Kaufhaus darf er mit ihm schon gar nicht. Dabei müsste er doch die Mutti suchen gehen.

Was macht der Jonas bloß? Fellchen schüttelt sich und zieht und zieht. Er zieht den Jonas einfach in einen Park hinein. Da sehen sie plötzlich Kinder. Eine ganze Gruppe von Kindern. Die gehen spazieren. Fellchen und Jonas traben hinter ihnen her.

»Das ist sicher ein Kindergarten«, erklärt Jonas dem Pudel. »Sie gehen genauso spazieren wie wir zu Hause mit Tante Ulla.« Die Kinder machen

vor einem großen weißen Haus mit einem dunkelroten Ziegeldach halt und gehen hinein. Fellchen und Jonas schlüpfen mit durch die Tür. Aber da werden sie von den Kindern entdeckt. Verwundert stehen alle um Jonas und Fellchen herum. Ein Mädchen holt sogar die Kindergärtnerin. Am liebsten möchte Jonas weglaufen. Doch das geht nicht. Mutti sagt, man muss immer höflich Guten Tag sagen. »Du auch«, bestimmt Jonas und zieht den Pudel an der Leine hinter sich her. So sagt Jonas zur Kindergärtnerin: »Sdrastwui.«

Da freuen sich alle und Jonas blickt sich im Zimmer um. Ist das ein schöner Kindergarten. An den Wänden stehen Spielschränke mit Spielsachen, Bilderbücher liegen in den Regalen, Kasperpuppen gibt es und ein Schaukelpferd mit einer dicken roten Mähne. Mit einem Satz schwingt sich Jonas hinauf und schaukelt mutig drauflos. Die Kinder kommen näher und zeigen dem Jonas ihre Spielsachen. Ein Junge hat ein rotes Feuerwehrauto, ein Mädchen eine große Puppe und ein anderes trägt einen kleinen Stoffhund auf dem Arm. Sie zeigt ihn dem Jonas und guckt dabei auf Fellchen. »Der sieht ja aus wie mein Fellchen«, lacht Jonas. Das kleine Mädchen sieht ihn an und sagt: »Ssobaka.«

»Nein, das ist ein Hund«, sagt Jonas. Wieder schüttelt das Mädchen den Kopf und sagt: »Ssobaka.« Da versteht Jonas. Hund heißt auf Russisch ssobaka. Er zeigt auf Fellchen und fragt: »Ssobaka?« Mädchen nickt, dann sagt es: »Hund?«

Jonas nickt. Da kommen auch die anderen Kinder und zeigen auf das Pferd. Sie sagen: »Loschad«, und Jonas sagt: »Pferd.« Die Kinder weisen auf den Tisch und sagen: »Stol.« Jonas sagt: »Tisch.« Die Kinder sagen: »Stul«, und Jonas sagt: »Stuhl.« Die Kinder sagen: »Okno«, und Jonas sagt: »Fenster.« Das ist ein lustiges Spiel. Jedes Ding hat zwei Namen, aber manchmal sprechen sie sich schwer

aus. Die russischen Kinder lernen die deutschen und der Jonas die russischen Namen. Nur Fellchen versteht nichts. Er läuft quer durch das ganze Zimmer und begreift nicht, weshalb Jonas nicht wieder in den Park geht. So, jetzt haben sie alle Gegenstände im Zimmer durch. Was nun? Da zeigt Jonas auf sich und sagt seinen Namen: Jonas! Dann hebt er Fellchen hoch und sagt: »Fellchen.«

Die Kinder lachen, und dann sagen sie, wie sie heißen. Ein Mädchen heißt Marussja, ein Junge Serjosha und zwei Mädchen haben sogar den gleichen Namen: Sie heißen beide Tanja.

Die Kinder nehmen den Jonas in die Mitte, setzen sich hin und Serjosha holt zwei Hölzchen. Eines davon hat zwei spitze Enden. Auf ein spitzes Ende muss man mit dem anderen Hölzchen schlagen und dann fliegt es im hohen Bogen durch die Luft. Oooooch, der Jonas staunt. Er möchte es auch probieren. Jonas schlägt und schlägt, aber das Hölzchen rührt sich nicht vom Fleck. Plötzlich tritt ein Polizist ins Zimmer. Er guckt auf Jonas und fragt ihn: »Bist du Jonas?«

»Du sprichst ja gar nicht russisch«, sagt Jonas. »Erst will ich wissen, ob du es bist!«

»Ja, ich bin Jonas und das ist Fellchen.« Der Polizist lacht. »Na, dann kann ich dich ja deiner Mutti wiederbringen.«

Im Auto zählt Jonas dem Polizisten die vielen russischen Worte auf, die er nun schon kann. Jonas ist sehr stolz darauf. »Das hab ich alles bei den Kindern gelernt.« Da hält das Auto und Jonas fällt der Mutti in die Arme. »Mutti«, ruft er, »es war so schön bei den Kindern und der Polizist spricht auch deutsch …«

Da erst merkt er, wie traurig die Mutti ist. »Ich habe solche Angst

um dich gehabt«, sagt sie leise. »Das nächste Mal pass ich besser auf«, verspricht Jonas ehrlich.

»Wer ist denn das!« Die Mutti guckt den Pudel an.

»Das ist Fellchen, den hab ich vom Kaufhaus mitgenommen. Er ist sehr lieb, Mutti, und wir nehmen ihn mit nach Hause.«

»Hör mal zu, Jonas«, sagt die Mutti, »du hast den Hund gestohlen und wirst ihn jetzt zur Polizei bringen.« Der Jonas fängt an zu weinen. Dicke Tränen tropfen auf Fellchen. Aber es hilft nichts. Er bringt ihn dem freundlichen Polizisten hin. »Und wenn ihn keiner abholt!«, schluchzt Jonas. »Dann bekommst du ihn«, verspricht ihm der Polizist. Die Tage in Moskau sind wunderschön und vergehen zu schnell und am Ende müssen Mutti und Jonas die Koffer packen. Da hinein werden auch die Geschenke getan, die sie gekauft haben. Die Kindergartenkinder bekommen eine ›melon‹, eine Melone, innen ganz rot und zuckersüß. Und einen großen bunten ›mjatsch‹, einen Ball. Jonas weiß sehr genau, wie die Geschenke auf Russisch heißen. Tante Ulla aber bekommt ein warmes, weiches ›platok‹, ein Tuch. Jemand klopft an die Tür. Jonas öffnet und etwas Schwarzes, Wollenes saust laut bellend auf ihn zu. Eine feuchte Hundenase stupst gegen die vom Jonas.

Fellchen! Fellchen ist wieder da. Glücklich streichelt Jonas sein schwarzes, lockiges Fell und Fellchen läuft vor Freude auf zwei Beinen durchs ganze Zimmer.

»Du darfst ihn mitnehmen, Jonas«, sagt der Polizist von damals und bindet Fellchen ein rotes Lackhalsband um. »Das schenk ich euch beiden«, sagt er. »Und pass schön auf ihn auf.«

Vergnügt winkt Jonas dem Polizisten hinterher.

Wieder fliegt das große Flugzeug mit Jonas und Mutti und Fellchen in den blitzeblauen Himmel hinein. Das kleine Flugzeug steckt jetzt in der rechten Hosentasche vom Jonas, weil Fellchen an der linken Seite sitzt. »Ich möcht so gern mal den Flieger sehen«, flüstert Jonas Fellchen ins Ohr. Fellchen nickt, und Jonas steht auf, um zum Flieger hinzulaufen. Aber da hält ihn jemand fest, und eine freundliche junge Frau fragt: »Wo willst du denn hin?«

»Ich bin Jonas und möchte dem Flieger Guten Tag sagen.«

»Das geht jetzt aber nicht. Wenn wir zu Hause sind, werde ich es dem Flieger sagen.«

Die Häuser und Bäume auf der Erde sind wieder ganz groß. Das Flugzeug steht schon ruhig auf dem Flugplatz, da kann Jonas dem Flieger Guten Tag sagen. Er erzählt ihm, wie sehr er und die Kindergartenkinder jeden Morgen auf das Flugzeug warten und dass er immer ein Stückchen mit dem Flugzeug mitläuft, um ihm Guten Tag zu sagen. Und weil der Flieger ein bisschen deutsch kann, versteht er auch, was der Jonas ihm da erzählt.

»Jonas«, sagt der Flieger, »wenn du morgen wieder spazieren gehst, dann sieh einmal genau zum Flugzeug hinauf.«

Am nächsten Tag erwarten die Kindergartenkinder den Jonas schon vor der Tür. Sie freuen sich über die Geschenke und lachen

über Fellchen, der ihnen all seine Kunststückchen vorführt. Dann gehen sie spazieren. Jonas hat von dem Flieger erzählt. Die Kinder warten auf das Flugzeug. Zwanzig Kinder stecken ihre Nasen hoch in die Luft. Bei jedem Rinnstein muss Tante Ulla laut rufen, sonst wären alle zwanzig Mann auf die Nase gefallen.

Da hören sie es brummen. Dicht über die Dächer hinweg fliegt langsam das Flugzeug. Jonas hopst, schreit und winkt und mit ihm die Kinder, Fellchen bellt und springt auf den Hinterpfötchen. Vom Flugzeug fliegt ein kleiner Fallschirm herunter, langsam senkt er sich zur Erde nieder. Und als er näher und immer näher kommt, sehen die Kinder ein kleines Flugzeug daran hängen und ein flatterndes weißes Zettelchen, auf dem steht:

Guten Morgen, Jonas!

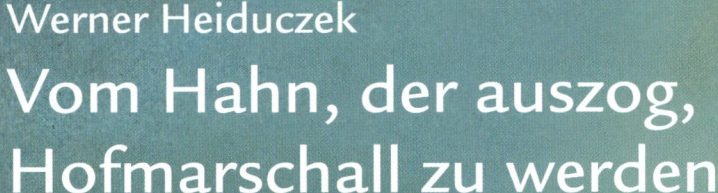

Werner Heiduczek

Vom Hahn, der auszog, Hofmarschall zu werden

mit Illustrationen von Wolfgang Würfel

Es war einmal ein Hahn und er lebte in Spanien.

Jeden Morgen, bevor die Sonne aufging, stieg er von seiner Leiter, reckte den Hals zum grauen Himmel und krähte.

Der Hund kroch aus seiner Hütte, der Bauer stieg aus dem Bett, und die Kühe brüllten, denn sie wollten gemolken werden. So begann der Tag und alle waren zufrieden.

Es war ein schöner Hahn. Die Federn seines Schwanzes waren lang und bunt. Und wenn die Sonne auf seinen Kamm schien, leuchtete dieser wie Gold. So freute sich ein jeder über das schöne Tier.

Das Huhn, dem er zugehörte, brütete ihm ganz viele Küken aus, und der Hahn scharrte den ganzen Tag nach Körnern, um die Seinen satt zu machen.

Nun geschah es, dass nach einer langen trockenen Zeit ein starker Regen fiel. Das Wasser überschwemmte den Hof. Der Hahn saß auf seiner Leiter und wartete auf die Sonne, dass sie die Erde trockne.

Und als es so weit war, dass die Sonne auf das Wasser schien, leuchtete der Tag in vielen Farben, und alles auf dem Hof lebte im Spiegel des Wassers zweimal.

Der Hahn sah von seiner Leiter, erblickte sein Spiegelbild und sagte zum Huhn: »Was für einen schönen Hahn hat uns der Regen gebracht.« Und er neigte seinen Kopf und grüßte sein Ebenbild.

Und da dieses Gleiches tat, sagte der Hahn: »Was für ein höflicher Hahn.« Und er reckte ihm seinen Hals zu und grüßte ihn mit lautem Krähen.

»Mein lieber Mann«, sagte das Huhn, »was du dort siehst, bist du selbst. In ganz Spanien gibt es keinen schöneren Hahn als dich.«

Als der Hahn das hörte, schaute er immer und immer wieder auf den Spiegel des Wassers und konnte sich nicht sattsehen an seiner Schönheit.

Zuletzt stieg er auf die oberste Sprosse der Leiter, denn er meinte, einen so schönen Hahn müssten alle sehen. Und da saß er den ganzen Tag und die ganze Nacht bis zum Morgen.

Da er aber den Schlaf versäumt hatte, versäumte er auch das Krähen, und das ganze Dorf schlief bis in den hellen Tag.

Die Kühe brüllten vor Schmerz; denn ihre Milch drückte. Der Bäcker hatte sein Brot nicht gebacken und der Bauer seine Pferde nicht gefüttert.

Der Bauer war zornig über den Hahn. Da er ihn aber so müde auf der Leiter sitzen sah, meinte er, das Tier sei krank, holte es in seine Küche und gab ihm die besten Körner, die sich fanden, und das klarste Wasser.

Der Hahn glaubte nicht anders, als der Bauer erwiese ihm damit seine Hochachtung, fraß die Körner, trank das Wasser und begab sich wieder auf den Hof. Alsgleich flog er dort auf den Brunnen und suchte im Wasser sein Bild. Und als es ihm entgegensah, verneigte er sich und ergötzte sich an seiner Schönheit.

Das Huhn aber scharrte unentwegt den ganzen Tag, um seine Küken satt zu machen. Und wenn es bat: »Ach, lieber Hahn, so

hilf mir doch!«, so hörte er es nicht. So ging es eine Zeit. Eines Tages rief der Bauer seine Frau und sagte: »Ich bin es leid. Der Hahn ist zu nichts nutze, so wollen wir ihn schlachten und eine Suppe kochen.«

Die Frau aber dauerte das schöne Tier, und sie antwortete: »Lieber Mann, der Hahn hat uns treu gedient, und hat ihn eine böse Krankheit befallen, so wollen wir ihn dafür nicht auch noch strafen. Mag er seine Tage auf unserem Hof verbringen. Reicht's für uns, so reicht es auch für ihn.«

So lebte der Hahn dahin, saß auf dem Brunnenrand und schaute unentwegt in das Wasser, das ihm sein Bild zurückwarf.

Und da er sich wenig rührte, wurde er steif und fett. Seine Federn verloren ihren Glanz und sein Kamm ward gelb und welk.

Niemand beachtete das närrische Tier weiter, nur dem Huhn wollte es das Herz brechen; denn es liebte den Hahn, ob er nun schön war oder stumpf und grau. Was es an Würmern und Körnern fand, gab es seinen Küken, und was die nicht fraßen, brachte sie dem Hahn, der es nahm ohne den geringsten Dank.

Nun hatte der König von Spanien seinen Hofmarschall in den

Kerker geworfen, da ihm dieser einige Säcke Gold durchgebracht hatte. Und er schickte Boten ins Land, um ausrufen zu lassen, wer klug sei und stark und zudem schön, der möge an den Hof kommen. Gefiele er dem König, wolle er ihn zum Hofmarschall machen.

Das hörte der Hahn, und er sprach zum Huhn: »Was der König fordert, erfülle ich in hohem Maße.

Wenn ich des Morgens krähe, steigt der Bauer aus dem Bett, der Bäcker backt Brot und der Müller mahlt Mehl. Also bin ich stark, denn sie gehorchen mir.

Klug bin ich nicht minder. Du scharrst den ganzen Tag nach Körnern, die Pferde schleppen den Pflug und die Rinder ziehen den Karren des Bauern. Ich jedoch sitze im Schatten des Brunnens und habe nicht weniger zu leben als ihr, die ihr euch schindet.

Niemand aber ist schöner in Spanien als ich. Ich werde zum König gehen und sein Hofmarschall werden.«

»Ach, lieber Hahn«, sagte das Huhn, »du krähst nicht mehr und trotzdem backt der Bäcker das Brot, der Bauer steigt aus dem Bett und der Müller mahlt das Korn.

Was du isst, verdienen andere, und deine Augen sind trübe geworden; denn wären sie klar, würdest du im Wasser sehen, dass dein Kamm welk ist und dein Kleid stumpf. Geh nicht an den Hof des Königs, es wird dir ein Übel geschehen.«

Aber sosehr das Huhn auch bat und klagte, der Hahn schalt es ein dummes Huhn und machte sich auf den Weg nach Madrid.

Da weinte das Huhn einen Tag lang und mit ihm die Küken.

Das aber brachte den Hahn nicht zurück und bewahrte ihn nicht vor der Gefahr, der er so töricht entgegenlief.

So ging das Huhn zum Huhn auf den Nachbarhof und sagte: »Mein Hahn ist ausgezogen, Hofmarschall zu werden. Nimm, ich bitte dich, meine Küken in deine Obhut, denn ich will ihm nachziehen, um ihn vor Schlimmem zu schützen.«

Und das Huhn umarmte das Huhn, nahm die Küken in seine Obhut und wünschte der Tapferen einen guten Weg.

Sie wanderte auf steinigen Wegen, durch hartes Gras und über kahle Berge. Ihre Füße wurden bald wund und schmerzten. Aber das Huhn gönnte sich keine Ruhe, fürchtete es doch, dem Hahn könnte indessen ein Leid geschehen. Es nahm sich keine Zeit, nach Futter zu scharren, und trank während des Laufens den Tau von den Blättern.

Da erblickte das Huhn einen wunderschönen roten Schmetterling, der in der Sonne auf einer Blume schlief. Und da es hungrig war, packte es ihn mit dem Schnabel und wollte ihn verschlingen.

»Liebes Huhn«, bat da der Schmetterling, »es ist ein so schöner Tag. Die Sonne gibt den Blumen ihre Wärme, und ich soll sterben, ich bitte dich, lass mich leben, und ich will dir immer dankbar sein. Kommst du in Not, so will ich dir helfen.«

»Ach«, sagte das Huhn, »wie willst du armes Ding mir helfen?«

Aber da der Schmetterling so innig bat und das Leben so sehr liebte, setzte das Huhn ihn wieder auf seine Blume und zog hungrig weiter.

So kam es nach Toledo.

Die Geschäfte waren geschlossen und die Häuser leer wie die Straßen. Das Huhn wunderte sich, wo wohl die Menschen dieser Stadt geblieben waren, und es fragte ein Maultier, das an einen Pfahl gebunden war und traurig dreinblickte, was das wohl zu bedeuten hätte.

»Mein Herr hat mich hier schon seit Stunden angebunden, um mit den anderen aus der Stadt in die Arena zu gehen. Dort findet ein gar seltsamer Kampf statt. Ein Hahn ist von weit her gekommen und hat verkündet, er sei auf dem Weg nach Madrid, um Hofmarschall zu werden, aber zuvor wolle er den wildesten Stier von Toledo im Kampf bezwingen. Und niemand will sich dieses Schauspiel entgehen lassen.«

So sprach das Maultier.

»Ach, mein armer Hahn«, klagte da das Huhn, »jetzt bist du des Todes.«

So schnell es seine Flügel trugen, flatterte es in die Arena, in der sich die Menschen drängten. Sie lachten und schrien; denn soeben schritt der Hahn auf den Kampfplatz, neigte sich zum Gruß nach allen Seiten, reckte dann seinen Hals und krähte ein schwaches Krähen, zum Zeichen, dass er bereit sei, den Stier zu empfangen.

Alsbald öffnete sich ein Tor und mit wilden Sprüngen raste ein riesiger Stier in das Rondell, schlug mit den Hörnern gegen die Bretterwand und schleuderte den Sand hoch in die Menge.

Als der Hahn den Stier erblickte, verließ ihn der Mut und die Prahlsucht. Ach, dachte er, wäre ich doch auf dem Hof geblieben bei meinem Huhn und könnte nach Körnern scharren, ich wollt's zufrieden sein.

Aber der Stier erfasste ihn mit seinen Hörnern und schleuderte ihn so heftig gegen die Holzumrandung, dass es wohl das Ende des Hahns gewesen wäre, hätte er nicht aus Angst seine Flügel ausgebreitet, die dem Stoß seine Gewalt nahmen.

Das Huhn, das alles mitansehen musste, rief in seiner Verzweiflung ein ums andere Mal: »Ach, Schmetterling auf deiner Blume, wüsstest du, was meinem Hahn geschieht, es würde dir das Herz brechen, wie mir.«

Und wie es das dreimal gerufen hatte, senkte sich ein großes rotes Tuch vom Himmel, geradewegs vor die Augen des Stiers, und lockte ihn hierhin und lockte ihn dahin und entwich, wenn er wild danach stieß.

Es waren wohl tausend rote Schmetterlinge und noch mehr, und sie umflatterten den Stier so lange, bis er erschöpft zusammenbrach.

Der Hahn aber, als er das mächtige Tier in der Mitte des Kampfplatzes liegen sah, flog auf eines seiner Hörner, um sich als Sieger ausrufen zu lassen.

Sein Kamm war zerrissen und einer seiner Flügel lahm. Aber er achtete nicht darauf.

»Ich habe den wildesten Stier von Toledo besiegt«, rief er, »und nichts soll mich jetzt hindern, Hofmarschall zu werden.«

Zur gleichen Stunde machte er sich auf und hinkte nach Madrid.

Das Huhn stellte sich ihm in den Weg und bat: »Ach, lieber Hahn, besinne dich. Du bist einmal mit dem Leben davongekommen, ein zweites Mal könnte es weniger gut ausgehen. Die Küken warten zu Haus, und es wird Freude in unserem Dorf sein, wenn du wieder jeden Morgen den Tag ankündigst.«

»Scher dich aus dem Weg«, erwiderte der Hahn, »niemand hat dich geheißen, mir zu folgen« Und er würdigte das Huhn weiter keines Blickes.

Dieses aber ließ nicht ab, dem Hahn zu folgen. Nachts jedoch verlor es seine Spur und zog des Tags traurig weiter auf Madrid zu.

So kam es an das Ufer eines Flusses, ruhte eine Weile und trank das kühle Wasser, denn die Sonne hatte es durstig gemacht.

Dabei geriet ihm ein kleines Fischlein in den Schnabel, und das Huhn wollte es verschlingen, denn es hatte Hunger.

»Liebes Huhn«, sprach da das Fischlein, »es ist ein so schöner Tag, die Sonne spielt im Wasser und ich soll sterben. Ich bitte dich, lass mich leben und ich will dir immer dankbar sein. Kommst du in Not, so will ich dir helfen.«

»Ach«, sagte das Huhn, »wie willst du kleines Ding mir helfen?«

Aber das Fischlein bat so innig, dass das Huhn nicht vermochte, es zu töten. So ließ es das Fischlein ins Wasser gleiten und ging hungrig weiter.

Indes hatte der Hahn Madrid erreicht und begab sich gradewegs auf das Schloss.

Als die Wachen ihm den Zutritt verwehrten, rief er: »Ich habe den wildesten Stier von Toledo besiegt, bin klug, wie es der König verlangt, und schön wie kein Zweiter in Spanien. Also führt mich zu ihm, damit er mich zum Hofmarschall macht.«

Als die Wachen den Hahn so sprechen hörten, wollten sie ihn den Katzen zum Fraß werfen, meinten dann aber, es könne nicht schaden, ihrem Herrn einen Spaß zu bereiten, gaben sich ehrerbietig und geleiteten den Hahn vor den Thron des Königs.

»Dieser Hahn, o König«, sagten die Soldaten, »gibt vor, der Stärkste, Klügste und Schönste in ganz Spanien zu sein. Und er ist gekommen, wie du hast ausrufen lassen, um Hofmarschall zu werden.«

Der König blickte auf das arg gerupfte und schmutzige Tier und sprach: »Herr Hahn, ich zweifle nicht, dass Ihr nicht minder klug seid als schön. Wollt Ihr mir noch Eure Stärke beweisen, dann sollt ihr mein Hofmarschall sein.«

»Mein Herr König«, erwiderte der Hahn, »ich habe den wildesten Stier von Toledo besiegt, aber wenn Ihr für meine Stärke einen weiteren Beweis verlangt, so gebietet, allen Hähnen in Spanien für diese Nacht die Schnäbel zu stopfen. Ich werde des Morgens mit einem Ruf das ganze Land zur Arbeit rufen.«

Der Vorschlag gefiel dem König, und er befahl, allen Hähnen in Spanien den Schnabel zu stopfen.

Der Hahn aber stieg auf den höchsten Turm des Schlosses und brachte dort die Nacht zu. Als sich diese dem Tag zuneigte, reckte der Hahn seinen Hals und krähte, so laut es seine Kraft hergab.

Aber da er all die Wochen und Monate faul auf seinem Brunnen gesessen hatte, war seine Stimme so schwach, dass ihn nicht einmal der Küchenjunge im Schloss hörte, der den Koch zu wecken hatte.

Es schliefen die Hunde in ihren Hütten, die Wächter an ihren Toren, die Bauern in ihren Katen und die Bürger in ihren Häusern.

Ganz Spanien schlief drei Tage und drei Nächte, und wenn nicht ein gewaltiger Regen gekommen wäre mit Blitzen und Donner, so schliefe es noch heute.

Der König war über den großsprecherischen Hahn so zornig, dass er befahl, ihn im Fluss zu ertränken.

Also packten die Soldaten den Hahn und warfen ihn in den Fluss.

Das Huhn aber lief am Ufer auf und ab, sah den Hahn im Wasser versinken und rief in seiner Verzweiflung, da es sonst niemand wusste, der ihm helfen konnte: »Ach, Fischlein im fernen Fluss, wüsstest du, was meinem Hahn geschieht, es würde dir das Herz brechen, wie mir.«

Und kaum hatte es das gerufen, da bewegte sich das Wasser, als jagte es der Wind, und es schien, als wollte es aus seinem Bett steigen.

Hervor aber tauchte der Hahn und lief auf dem Rücken von tausend kleinen Fischlein und noch mehr ans Ufer, wo er vor Kälte zitterte und vor Angst in die Knie sank.

Das Huhn breitete seine Flügel aus, wärmte ihn und strich ihm die zerzausten Federn glatt.

Sieben Wochen liefen beide von Madrid über Toledo in ihr Dorf zurück.

Jedes große Korn und jeden fetten Wurm, den der Hahn fand, gab er seinem Huhn. Und jeden Morgen weckte er es mit seiner Stimme, die von Tag zu Tag kräftiger wurde.

Und als sie das Dorf erreichten, war es, als hätte der Hahn nie seine Schönheit verloren.

Jeden Morgen, bevor die Sonne aufging, stieg er wieder von seiner Leiter, reckte den Hals und kündigte den Tag an.

Das Huhn brütete ihm viele Küken aus, und der Hahn scharrte den ganzen Tag nach Körnern, um die Seinen satt zu machen.

Und ein jeder, der ihn sah, freute sich über das schöne Tier.

An einem Tag, mitten im Sommer, schickt die Sonne ihre wärmsten Strahlen hinunter in eine große Stadt: Auf die grasgrüne Wiese vor der Schule. Auf die spiegelblanken Schaufenster der Geschäfte. Auf die Fabrikhallen. Auf den Turmdrehkran an der Baustelle. Und auf die Häuser.

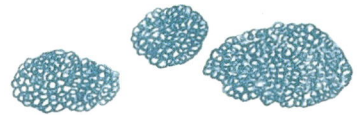

Zappels richtiger Name ist Christoph. Aber immer wenn Christoph still sitzen soll, zappeln seine Füße, als ob sie mit ihm weglaufen möchten. Darum rufen ihn alle, die ihn kennen, nur noch Zappelchristoph oder einfach Zappel. Zappel guckt in die Sonne. Dann guckt er in sein Rechenheft. Ach, diese Zahlen!, sagt er. Wenn ich einmal groß bin, dann schaffe ich die Zahlen ab. Darüber werden sich die Kinder auf der ganzen Welt freuen. Zappel kann Zahlen nicht leiden. Und deshalb schreibt er seine Rechenaufgaben jetzt ganz schnell, damit er fertig wird. Ritsch, kratzt die Feder über das Papier. So!, sagt Zappel. Schluss für heute. Er klappt das Heft zu. Endlich kann er schwimmen gehen.

Die Zahlen aber dehnen und strecken sich. Ruck, klappt das Rechenheft wieder auf und die Eins schlüpft heraus. Antreten!, ruft die Eins. Da kommen alle anderen Zahlen aus den Heftseiten und stellen sich in einer Reihe auf. Als Letzte wackelt die dicke Null heraus. Da stehen sie nun, die armen Zahlen, und gucken sich traurig an. Krickelig und krackelig sind sie. Die Acht kann nur mit Mühe aufrecht stehen. Was hat Zappel bloß aus ihnen gemacht! Die Eins sieht aus wie ein schiefes Dach. Die Zwei wie ein halbes Osterei. Die Drei wie ein Fragezeichen. Die Vier wie ein Stuhl mit einem Bein. Die Fünf wie ein Angelhaken. Die Sechs wie ein

Regenwurm. Die Sieben wie ein abgebrochener Schirmgriff. Die Acht wie eine alte Kartoffel. Und die Neun wie ein verbogener Feuerhaken.

Wirklich, die Eins ist empört über das Gekrakel.

Wie hübsch könnten wir aussehen, wenn Zappel es nur wollte!, sagt sie.

Er hat uns beleidigt!, sagt die Zwei. Immer beleidigt er uns, denn er schmiert jeden Tag so!, rufen die anderen Zahlen.

Wollen wir uns das noch länger gefallen lassen?, fragt die Acht. Die Eins überlegt ein Weilchen. Dann sagt sie:

Zappel geht noch nicht lange zur Schule. Er weiß noch nicht, wie sehr uns die Menschen auf der ganzen Welt brauchen. Aber er soll merken, wie wichtig wir für ihn sind. Wir werden einfach für kurze Zeit verschwinden.

Alle sind mit diesem Vorschlag einverstanden, nur die dicke Null nicht. Sie will bei Zappel bleiben, damit er nicht so allein ist.

Zeigt mir eure Hausaufgaben von gestern!, sagt Lehrer Rührig. Hanna, Peter, Thomas, Karin und die anderen Kinder zeigen ihre Rechenhefte. Jeder bekommt einen roten Strich unter seine Aufgaben. Zappel bekommt keinen. Deine Hausaufgaben möchte ich sehen!, sagt Lehrer Rührig streng. Aber das möchte Zappel selbst gern. Immer wieder blättert er die Seiten um. Sie sind leer, ganz leer. Nur hier und da steht eine einsame Null. Wo sind meine Zahlen?, fragt Zappel und reibt sich die Augen. Du schreibst deine Hausaufgaben an die Wandtafel!, sagt Lehrer Rührig zu ihm.

Zappel nimmt die Kreide und schreibt. Aber sobald eine Zwei, eine Drei oder eine Fünf auf der Tafel steht, ringelt sie sich und wird eine Null. Als Lehrer Rührig die ganze Tafel voller Nullen sieht, schüttelt er den Kopf. Ich glaube, deine Augen sind nicht in Ordnung, sagt er. Diesmal klingt seine Stimme gar nicht streng. Geh zum Arzt, Junge. Er wird dir helfen.

Bei einem Augenarzt war Zappel noch nie. Deshalb klopft sein Herz etwas lauter als sonst. Aber der Arzt im weißen Kittel merkt nichts davon. Gründlich leuchtet er Zappels Pupillen ab. M-ja!, sagt er. Dann muss Zappel von einer Papptafel Buchstaben ablesen. Das klappt wie am Schnürchen. Aber als der Arzt mit dem Zeigestock auf die Tafel mit Zahlen tippt, liest Zappel immer nur: Null! Null! Null! M-ja!, sagt der Augenarzt. Ich sehe, du hast die Nullenkrankheit. Er schenkt Zappel eine Brille. Danke, sagt Zappel, auf Wiedersehen. Ärgerlich läuft er durch die Straßen der großen Stadt.

Er hört nicht die Autos hupen und nicht die Straßenbahnen

klingeln. Er sieht die Radfahrer nicht und die Omnibusse nicht. Hat man je so etwas gehört: Nullenkrankheit! Das ist ja lächerlich! Vor einem Schaufenster holt Zappel die Zahlenbrille aus der Hosentasche. Mürrisch guckt er sie an, aber dann schiebt er sie probeweise auf die Nase. Nanu!, ruft Zappel, da sind ja meine verschwundenen Zahlen! Die Leute, die vorüberkommen, gucken ihn erstaunt an. Stehenbleiben!, ruft Zappel ganz laut. Stehenbleiben! Lustig marschieren Zappels Zahlen durch die Stadt. Sie tanzen ausgelassen um die dicke Litfaßsäule herum, schlängeln sich an Autos und Omnibussen vorbei und jetzt winken sie sogar dem Verkehrspolizisten an der Kreuzung zu. Aber der Verkehrspolizist sieht das nicht. Er hat schließlich keine Zahlenbrille wie Zappel. Stehenbleiben!, ruft Zappel wieder. Er rennt so schnell die Straße entlang wie ein Weltmeister.

Aber die Zahlen kann er nicht einholen.

Kling-ling-ling, macht die Straßenbahn. Wer mitfahren will, muss sich beeilen.

Zappels Zahlen sind noch nie mit der Straßenbahn gefahren. Die Drei, die aussieht wie ein Fragezeichen, will gleich hochklettern. Kommt nicht infrage!, sagt die Eins. Wo bleibt da die Ordnung? Es geht immer der Reihe nach. Und dann steigt sie zuerst auf das Straßenbahndach. Ihr folgen die Zwei, die Drei, die Vier, die Fünf, die Sechs, die Sieben, die Acht … und zum Schluss macht die Neun einen Klimmzug. Die Zahlen schunkeln und tanzen und jetzt singen sie sogar. Ein merkwürdiges Lied singen sie! Ob im Flugzeug oder Kran, mit dem Schiff und in der Bahn, auf der Post und im Büro, Zahlen braucht man so und so. Beim Bezahlen und Kassieren, Subtrahieren und Addieren. Selbst das allerkleinste Kind lernt, wie wichtig Zahlen sind. Kling-ling-ling, macht die Straßenbahn noch einmal. Dann fährt sie ab.

Anhalten! Wir bleiben nicht hier! Nehmt uns mit! Wir wollen auch etwas von der Welt sehen!, rufen da plötzlich die anderen Zahlen in der Stadt. Aus den Nummernschildern der Häuser und Straßenbahnen, aus den Kennzeichen der Autos und Motorräder, sogar aus dem Zifferblatt der großen Bahnhofsuhr schlüpfen die Zahlen heraus. Sie rennen hinter der Straßenbahn her und springen auf das Dach. Immer mehr Zahlen rennen herbei. Zuletzt ist das Straßenbahndach so vollgestopft, dass nicht eine Stecknadel mehr darauf Platz hätte.

Zappel will hinterdreinlaufen. Aber er kann nicht. Neben ihm, vor ihm und hinter ihm hupt es. Der Verkehrspolizist setzt die Trillerpfeife an die Lippen und stoppt die Autos. Wo haben Sie Ihre Kennzahlen?, fragt der Polizist. Die Autofahrer ziehen verwundert die Schultern hoch. Ohne ordnungsgemäße Kennzahlen dürfen Sie nicht weiter-

fahren!, sagt der Verkehrspolizist. Sie auch nicht. Und Sie ebenfalls nicht. Immer mehr Autos werden angehalten. Die Kreuzung ist verstopft. Wie soll ich hier rauskommen?, ruft Zappel. Ich muss zu meinen Zahlen.

Lassen Sie mich bitte durch. Niemand kann vorwärts und niemand kann rückwärts. Zappel klettert über Autos und Motorräder. Als er auf der anderen Straßenseite ankommt, ist von seinen Zahlen längst nichts mehr zu sehen. Vielleicht sind sie in eine andere Stadt gefahren!, sagt Zappel. Ich werde ihnen nachreisen. Auf dem Bahnhof ist ein großes Durcheinander. Der Bahnhofsvorsteher lässt die Züge nicht abfahren. Er weiß nicht, wie spät es ist. Sogar aus dem Fahrplan sind die Zahlen verschwunden.

Ich fahre eben mit der Straßenbahn nach Hause, sagt Zappel.

Viele Männer und Frauen stehen an der Haltestelle. Wo ist die Linie 5? Eine Straßenbahn sieht aus wie die andere. Niemand weiß, in welche er einsteigen soll.

Ich werde nach Hause laufen, sagt Zappel. Unterwegs kaufe ich mir ein Brötchen. Bei Bäckermeister Kringelein sieht es böse aus. Kohlrabenschwarzer Rauch quillt aus dem Backofen bis auf die Straße. Alle Brote und Brötchen sind verbrannt. Schuld daran hat der Wecker. Doch wie soll er ohne Zahlen pünktlich klingeln? Zappel muss hungrig weiterwandern. Ist ein Brief von meiner Oma dabei?, fragt Zappel den Briefträger Zippel. Der Briefträger antwortet nicht. Er schüttelt nur immer den Kopf. In welchen Briefkasten soll er die Post einwerfen? Auf den Türschildern fehlen die Zahlen. Das ist mir zu anstrengend!, brummt Briefträger Zippel. Ich suche mir eine andere Arbeit. Wer bringt uns dann die Briefe von meiner Oma?, fragt Zappel. Traurig kommt er zu Hause an.

Zappel holt sich seine Sparbüchse vom Küchenschrank und schließt sie auf. Ich werde mir für eine ganze Mark saure Drops kaufen!, sagt er zu sich selbst. Sauer macht lustig. Aber schon bricht neues Unheil über ihn herein. Rund und glatt liegen die Geldstücke auf dem Tisch. Auf ihrem Bauch fehlen die Zahlen.

Wie soll ich nun wissen, wer von euch ein Fünfer ist und wer ein Groschen und wer eine Mark?, fragt Zappel. Er schluckt. Wenn er ein Mädchen wäre, würde er vielleicht weinen. Aber Zappel ist ein Junge. Er schluckt nur. Sein Blick fällt auf den Kalender. Ob der etwa auch keine Zahlen mehr hat?, flüstert Zappel. Langsam wendet er die Kalenderseiten um. Sie sind leer. Nun wird niemand wissen, wann ich Geburtstag habe, überlegt Zappel, wann die großen Ferien beginnen und wann Weihnachten ist. Diesmal kullert nun doch eine Träne über sein Gesicht. Heulen hilft nicht!, sagt Zappel ganz leise und putzt sich dabei die Zahlenbrille blank. Ich muss die Zahlen zurückholen. Alle Menschen brauchen sie und ich auch.

Hinten, ganz hinten, wo die Stadt zu Ende ist, marschiert die lange Zahlenkolonne. Zappel kann sie durch die Brille deutlich erkennen. Seine krummen Zahlen humpeln in der letzten Reihe. Gewiss sind sie schneller müde geworden als die anderen.

Wartet doch!, ruft Zappel. Bitte, wartet auf mich. Aber die Zahlen laufen weiter, immer weiter an einem Kornfeld vorbei.

Da wiegen die gelben Ähren sich im Wind. Es sieht fast aus, als lachten sie. Sie recken und strecken sich und sind im Nu ein paar Zentimeter gewachsen. Auch einer alten, vergessenen Egge gefallen die Zahlen. Sie schüttelt sich vor Freude so kräftig, dass der Rost von ihren eisernen Zähnen abfällt. An der Tränke heben die Pferde die Köpfe und wiehern fröhlich. Im Dorf gurren die Tauben. Die Katzen miauen. Nur Ajax, der Schäferhund, verkriecht sich in seiner Hütte. Er mag Zahlen nicht. Und schon gar nicht solche, die marschieren können.

Abteilung halt!, sagt die Eins. Wir wollen am Teich ausruhen. Gluck-gluck, macht das Wasser. Aber das war keine Sprache. Das waren nur Luftblasen. Wer schwimmen will, muss kräftig sein!, sagt eine Karpfenmutti im Teich.

Sie winkt mit den Flossen ihre beiden Karpfenkinder heran und zeigt ihnen erfreut die Sechs. Welch ein wunderbarer Regenwurm!, sagt der eine Karpfenjunge. Ein Festtagsbraten!, sagt der andere Karpfenjunge. Der Sechs kommen vor lauter Zorn die Tränen. Euch ist wohl das Wasser zu Kopf gestiegen!, schimpft sie. Ich bin kein Regenwurm und auch kein Sonntagsbraten. Weiter kann sie nicht schimpfen. Es macht nur noch plumps. Dann liegt die Sechs im Teich. Da sieht man es wieder. In der Aufregung passieren die schlimmsten Sachen!, sagt die Karpfenmutti. Dann taucht sie ganz schnell unter und stürzt sich auf die arme Sechs. Hilfe!, rufen da die Zahlen.

Mit Riesenschritten kommt Zappel angelaufen. Ich rette die Sechs!, ruft er. Und dann springt er ins Wasser.

Die Sonne am Himmel, die Spatzen auf den Bäumen, die Schmetterlinge auf der Wiese und die Zahlen am Ufer – alle halten vor Aufregung den Atem an. Der Teich ist groß, und die Sechs ist klein. Als Zappel sie endlich gefunden hat, hüpfen die Zahlen vor Freude wie lauter Gummibälle umher.

Jetzt feiern wir ein Fest!, sagt die Fünf aus einem Straßenbahnschild. Was denkt ihr euch!, sagt Zappel. Ihr müsst sofort zurück. In der Stadt ist ein schreckliches Durcheinander. Die ganze Kreuzung ist verstopft. Die Autofahrer können nicht vorwärts und nicht rückwärts. Niemand weiß, in welche Straßenbahn er einsteigen soll. Die Züge können nicht abfahren. Dem Bäcker sind die Brote verbrannt. Und Briefträger Zippel kann die Briefe nicht abgeben. Alles nur, weil ihr weggelaufen seid. Das hätten wir nicht tun dürfen!, sagt die Fünf aus dem Straßenbahnschild. Und alle Stadtzahlen schämen sich. Aber dann sausen sie los. Ssssst, macht es. Es klingt wie ein Mückenschwarm. Und im Nu sind die Stadtzahlen so weit fort, dass Zappel nur noch winzige Punkte von ihnen sieht.

Wie konntet ihr nur einfach fortlaufen?, sagt Zappel zu seinen krickeligen, krackeligen Zahlen. Wisst ihr denn gar nicht, wie nötig ich euch brauche? Weißt du es denn jetzt endlich, Christoph?, fragt die Eins. Zappel nickt ernst. Auf Wiedersehen in deinem Rechenheft!, hört er nur noch. Dann ist er allein. Auch Zappel macht sich auf den Weg zur Stadt.

Froh und leicht ist ihm ums Herz. Die Zahlen haben Christoph zu ihm gesagt, und das bedeutet wohl, dass sie ihm wirklich glauben. Wenn ich groß bin, sagt er, dann werde ich Lehrer. Und dann erzähle ich allen Kindern, wie wichtig die Zahlen sind.

Wieder scheint die Sonne. Auch auf Christophs Haus scheint sie. Aber diesmal seufzt und zappelt Christoph nicht bei den Rechenaufgaben. Langsam schreibt er eine Zahl nach der anderen. Musterhaft sehen sie aus. Findet ihr nicht auch? Die Zahlenbrille braucht Christoph nicht mehr. Er hat sie gut aufgehoben für seine Freunde. Aber die werden sie wohl auch nicht mehr brauchen.

Elizabeth Shaw

Das kleine schwarze Schaf

Es war einmal ein Schäfer.
Der lebte draußen weit in den Bergen.
Er hatte einen Schäferhund mit Namen Polo.
Polo half ihm die Schafe hüten.

Polo behielt die Schafe im Auge,
während der Schäfer auf einem
bemoosten Stein saß und strickte.
Er strickte Socken und Schals
und Pullover und Decken
aus reiner Schafwolle.

Die verkaufte er
auf dem Markt im Dorf.

Wenn der Schäfer bemerkte,
dass sich ein Schaf zu weit von der Herde entfernt hatte,
holte er seine hölzerne Pfeife heraus
und stieß einen kurzen Pfiff aus.
Das war das Zeichen für Polo.
Er lief dem Schaf nach und trieb es zurück
zu den anderen.

Polo kam sich dabei sehr wichtig vor.

Bei Sonnenuntergang pfiff der Schäfer
einen langen Ton auf seiner Pfeife.
Das bedeutete für Polo,
dass er die Herde zu umkreisen
und in den Pferch zu jagen hatte.

Während die Schafe über den Zaun sprangen,
zählte der Schäfer sie.
Er wollte ganz sicher sein, dass alle da waren.

Alle Schafe waren weiß, außer einem,
dem kleinen schwarzen Schaf.
Wenn Polo bellte: »Alle nach links!«
oder: »Rechts herum!« oder: »Halt!«,
taten alle, was ihnen gesagt wurde.
Alle, außer dem kleinen schwarzen Schaf.
Das lief oft nach links,
wenn es nach rechts sollte,
weil es gerade an etwas anderes dachte.

Das ärgerte Polo.

Polo beschwerte sich beim Schäfer.
»Das schwarze Schaf gehorcht mir nicht!
Und es denkt zu viel!
Schafe haben nicht zu denken.
Ich denke für sie!«

Das kleine schwarze Schaf wünschte sich,
wie die anderen zu sein.
»Könntest du mir nicht eine kleine weiße Jacke
stricken, damit ich nicht so auffalle?«, sagte es
zu dem Schäfer.

»Nein, wirklich nicht«, antwortete der Schäfer.
»Du bist so ein nützliches kleines Schaf.
Wenn ihr in den Pferch springt und ich euch alle zähle,
könnte ich leicht einschlafen.
Aber ich bin immer gleich wieder wach, wenn ich
mein kleines schwarzes Schaf über den Zaun
springen sehe. Besonders, wenn es dabei stolpert.«

Polo aber war nun einmal für Zucht
und Ordnung in der Herde.
»Wart's ab«, knurrte er das schwarze
Schaf an. »Ich werde dafür sorgen,
dass du nach der Schur verkauft wirst.
Dann werden wir eine hübsche,
saubere Herde haben!«

DAS KLEINE SCHWARZE SCHAF

Das kleine schwarze Schaf betrachtete
sehnsüchtig die kleinen weißen
Schäfchenwolken am Himmel.
Der Schäfer sagt, dass es die Seelen
kleiner, guter Schafe sind, dachte es.
Vielleicht, eines Tages, werde auch ich
eine kleine weiße Wolke sein.

Dann bemerkte es, dass sich der Himmel
hinter dem Berg verfinsterte.
»Es wird Regen geben!«, rief es.
»Ich sage dir, wenn es Regen geben wird«,
schnappte Polo.

Bald darauf brach ein Sturm los,
mit Hagel und Wind und Schnee.

»Mein Strickzeug wird nass!«,
schrie der Schäfer.
»Komm, Polo, wir müssen
Schutz suchen.«

Sie rannten zu der kleinen Hütte des Schäfers.
Den Schafen wird nichts passieren.
Sie haben ihre schönen wollenen Mäntel,
dachte der Schäfer.

Er machte ein gemütliches Feuer,
um seine Sachen zu trocknen,
und genehmigte sich einen Schluck.
Oder auch zwei.

Es wurde dunkel.
»Wir werden uns morgen um die Schafe kümmern«,
sagte der Schäfer.
»Kein Grund zur Besorgnis«, sagte Polo.
»Sie werden bleiben, wo sie sind.
Ohne mich rühren sie sich nicht vom Fleck.«
Polo streckte sich neben dem Feuer aus
und schlief ein.

Draußen auf der Weide wurden die Schafe
immer unruhiger und verwirrter.
»Wo ist Polo?«, blökten sie.
»Was sollen wir tun?«
»Wir müssen Schutz suchen«,
sagte das kleine schwarze Schaf.
»Folgt mir! Ich glaube, ich weiß,
wo eine Höhle ist!«

Es führte sie einen Hügel hinauf,
wo es eine Felshöhle mit einem überhängenden
Sims gab.
»Wir müssen dicht zusammenrücken
und uns gegenseitig wärmen«,
sagte das kleine schwarze Schaf.
»Sobald es hell ist, werde ich nach dem Schäfer
Ausschau halten.«

Am nächsten Morgen hatte es aufgehört
zu schneien, aber soweit das Auge
reichte, war alles weiß.
»Heute ein Schaf zu finden, das ist,
als suche man am Nordpol
einen fallen gelassenen Schneeball«,
sagte der Schäfer.

»Ich bin ein schlechter Schäfer«,
seufzte er, und er wünschte, er hätte
am Vorabend nicht so viel getrunken.

»Wie werden sie nur ohne mich
zurechtkommen!«, murmelte Polo.

Da sahen sie einen schwarzen Punkt
auf der Spitze des Hügels.
»Polo!«, schrie der Schäfer. »Vielleicht ist es
unser kleines schwarzes Schaf!«
Schnell liefen sie auf den schwarzen Punkt zu.

Unter dem Felsen versteckt, fanden sie
alle Schafe.
Das war eine große Freude.
»Mein kleines schwarzes Schaf!«,
sagte der Schäfer liebevoll.
»Ohne dich hätte ich meine Herde
nicht gefunden.«

»Nun, vielleicht ist es als Markierungspunkt
ganz nützlich. Sonst aber für gar nichts«,
knurrte Polo eifersüchtig.

Die Sonne kam heraus und der Schnee
schmolz.
»In Reihen aufstellen!
Vorwärts marsch!«, bellte Polo.
Der Schäfer trug das kleine schwarze Schaf
selbst hinunter.
»Ich habe immer gesagt, dass du
ein nützliches kleines Schaf bist«,
sagte er.

Als die Zeit der Schur kam,
füllte der Schäfer die Wolle in Säcke.
Es waren zehn Säcke mit weißer
und ein kleiner Sack
mit schwarzer Wolle.

»Nun, wie wäre es, wenn wir dieses schwarze Schaf verkauften?«, schlug Polo vor.
»Dann hätten wir eine saubere,
ordentliche Herde.«

»Bestimmt nicht!«, antwortete der Schäfer.
»Ich habe nämlich eine Idee!«

Der Schäfer strickte aus seiner Wolle Socken, Schals, Pullover und Decken.
Alle hatten ein hübsches schwarz-weißes Muster.
Er verkaufte sie zu einem guten Preis
auf dem Markt.
Mit dem Geld kaufte er noch ein paar
schwarze Schafe.

Bald besaß er eine Herde von schwarzen und weißen und gefleckten Schafen.

Jedes einzelne war anders, und das war schön,
denn nun waren sie alle gleich.

Rudi Strahl

Sandmann sucht die neue Stadt

mit Illustrationen von Eberhard Binder

Die Sonne sinkt, es dämmert sacht,
schon ist der Mond zu sehn;
der Sandmann hat zur guten Nacht
den Kindern ringsum Schlaf gebracht
und Träume, bunt und schön.
Nun hat er endlich selber Ruh
und wandert still nach Haus;
schließt hinter sich die Türe zu
und zieht das Röcklein und die Schuh
so recht zufrieden aus.

Dann sieht er fern. Die Kamera
war überall dabei:
Beim Boxkampf hier, beim Fußball da,
beim Wirbelsturm in Afrika,
beim Hula auf Hawaii.
Es gab heut wirklich allerhand,
was sich ereignet hat –
in diesem und in jenem Land,
auf Bergeshöhn, am Meeresstrand
und – in der neuen Stadt!

Der Sandmann stutzt. Er staunt und schaut
und hört dann Wort für Wort:
Die Stadt, man hat sie neu erbaut
und feiert heute froh und laut
die Einzugsfeier dort!
Nur: AUCH DIE KINDER SIND NOCH WACH
dort in der neuen Stadt,
sie feiern mit, man hört's am Krach –
und Sandmann murmelt: »Weh und ach ...«
Er weiß, wer Schuld dran hat:

Er, Sandmann selbst, der nie zuvor
die neue Stadt gesehn!
Doch springt er jetzt vom Stuhl empor
und holt den Sack mit Sand hervor,
denn jetzt muss was geschehn.
Zwar ist's schon spät, auch kennt er nicht
den Weg zur neuen Stadt;
wohl aber kennt er seine Pflicht,
die er – als Feierabendschicht –
dort zu erfüllen hat.

So stiefelt Sandmann wieder los,
sein Lämpchen in der Hand.
Der Mond scheint gelb und rund und groß,
die Sterne aber funkeln bloß
hinab auf's Menschenland.

Am Wegekreuz mit Schildern dran
bleibt Sandmann hoffend stehn.
Hier zeigt sich manche Richtung an,
doch wie er sein Ziel finden kann,
ist leider nicht zu sehn.

Da schwebt mit sanftem Flügelschlag
der Kauz von Baum zu Baum.
Ob der vielleicht was wissen mag?
Ach wo, der schläft den ganzen Tag,
auch liebt er Städte kaum.

Der Hase kennt nur sein Revier,
der Igel nicht viel mehr;
das Reh ist ein zu scheues Tier
und selbst der Fuchs strolcht lieber hier
als in der Welt umher.

Kurz, Sandmann muss auf eigne Faust
dem späten Ziele zu.
Im D-Zug, der vorüberbraust
und ratternd in die Ferne saust,
erreichte er's im Nu.

Das weiß der Sandmann freilich nicht,
drum ist's ihm kein Gewinn.
Ein Bahnhof zeigt sein Nachtgesicht;
gleich löscht der Vorstand auch das Licht
und legt zum Schlaf sich hin.

Wer Fragen hat, dem wird leicht bang,
wenn niemand ihn vernimmt.
Unendlich scheint der Schienenstrang –
nach rechts und links genauso lang,
doch welche Richtung stimmt?

Halt – ward im Fernsehn nicht erzählt:
»Die Stadt liegt dicht am Meer ...«?
Natürlich, ja! Was jetzt noch fehlt,
dass er die rechte Richtung wählt,
dünkt Sandmann halb so schwer.

Er schaut hinauf, wo hoch und fern
der KLEINE BÄR zu sehn.
Der brummt zwar nicht, doch zeigt er gern
dem Sandmann seinen hellsten Stern,
und NORDSTERN nennt man den.

»Herr Südwind, der Ihr nordwärts weht –
um Eure Hilf ich bitt!«
Der Wind von Süden, der versteht,
worum's dem armen Sandmann geht,
und bringt ein Segel mit.

Das ist zwar bloß ein alter Hut,
und zwar aus Panama;
doch fliegt er noch erstaunlich gut,
und Sandmann braucht nur etwas Mut,
na, und den hat er ja!

Aus vollen Backen bläst der Wind
direkt dem Meere zu,
und Sandmann überfliegt geschwind
drei Dörfer, die wie Spielzeug sind,
und überall ist Ruh.

Doch von der Stadt ist nichts zu sehn,
noch scheint es fern, das Ziel.
Da seufzt der Wind: »Ich muss jetzt drehn,
muss eine Stunde ostwärts wehn,
sonst regnet's dort zu viel.«

»Herr Wind, was sein muss, das muss sein«,
spricht Sandmann ernst. »Macht's gut!«
Nach unten schwebt von ganz allein
im Sternenglanz, im Mondschein,
der brave alte Hut.

O weh – ob er im Flusse dort
den Flug beenden will?
»Nein!«, ruft der Sandmann. Und sofort
schwimmt jetzt der Hut als Boot nach Nord;
beschämt schweigt Sandmann still.

Nur kommt solch Hut nicht recht voran,
ihm fehlt ja ein Motor.
Ob hier der Hecht nicht helfen kann?
Der schaut sich Sandmanns Fahrzeug an
und spannt sich flink davor.

Ein Wasserfall! Vom hohen Wehr
stürzt tief der Fluss hinab!
Dem Hechte fällt kein Hechtsprung schwer,
der Hut, er flattert hinterher –
doch Sandmann, der springt ab.

Er springt ins Wasser, schwimmt an Land,
das flach ist und aus Stein.
Die Gegend ist ihm unbekannt.
Nanu – ein lila Lichterband?
Das muss ein Flugplatz sein!

Ein Flugzeug landet im Moment
und rollt gemächlich aus.
Die Feuerwehr, die jeder kennt,
ist auch zur Stell, doch weil's nicht brennt,
fährt sie getrost nach Haus.

Die Passagiere aber gehn
ins Flugplatz-Restaurant.
Ein kleiner Bub bleibt staunend stehn.
»Der Sandmann ...!« – Ja, er kann ihn sehn
und grüßt ihn mit Gesang.

Doch Sandmann wispert: »Schlaf nur, schlaf!«
Schon schläft das Büblein ein.
Sein Vati findet das sehr brav;
die Mutti ahnt, wen man hier traf,
und dankt's dem Sandmännlein.

Der schaut sich jetzt den Flugplan an,
den jeder Flugplatz hat.
Drauf steht auch, wie und wo und wann
man tausend Städte finden kann –
nur nicht die neue Stadt.

»Zur neuen Stadt«, so hört er da,
»fliegt gleich ein Heli...« – Was???
Ein Helikopter! Wirklich? Ja.
Dem Sandmann, der noch keinen sah,
macht's Hubschraubfliegen Spaß.

Schon glitzert unter ihm das Meer –
sein Ziel, es ist erreicht!
Da blitzt und kracht es ringsumher,
als ob dreimal Gewitter wär;
sogar der Mond erbleicht.

In Funken und in Flammen steht
die nagelneue Stadt!
Doch ist's kein roter Hahn, der kräht:
Ein Feuerwerk nur, das vergeht,
wenn's ausgefeuert hat.

Auf einem Hochhaus landet sacht
der Hubschraub-Kapitän.
Und in der hellerlichten Nacht
ist nun die Stadt in ihrer Pracht
ganz herrlich anzusehn.

»Sie lebe hoch! Hipp, hipp, hurra!«
Wie froh die Menschen sind.
Für die Musik – trari, trara –
sind Pauken und Trompeten da;
tatsächlich schläft kein Kind.

Sogar der kleine Benjamin
springt noch vergnügt herum.
»Nanu – du wohnst doch in Berlin?«,
fragt bass erstaunt der Sandmann ihn.
»O nein! Wir zogen um!«

Ja – Kinder aus dem ganzen Land
sind in der neuen Stadt.
Den Sandmann freut's, dass er sie fand,
und: dass er auch genügend Sand
in seinem Säcklein hat!

Jetzt nämlich fackelt er nicht mehr,
denn gleich ist Mitternacht;
er huscht geschwinde hin und her
und streut den Sand die Kreuz, die Quer,
bis dass kein Kind mehr wacht.

An Träumen schenkt er, bunt und schön,
die schönsten, die er hat.
Habt Dank, Herr Sandmann. »Gern geschehn.
Sie mögen in Erfüllung gehn –
für euch und eure Stadt!«

Elizabeth Shaw

Die Fleißige Familie

Es war einmal eine fleißige Familie. Herr und Frau Schwein waren berufstätig und fuhren frühmorgens zur Arbeit.

Bruder und Schwester Schwein gingen in die Schule. Wenn die Eltern keine Zeit gehabt hatten, das Frühstück vorzubereiten, kauften sie sich etwas beim Bäcker.

Abends trafen alle wieder zu Hause zusammen. Die Eltern waren immer noch in Eile. Die Kinder nahmen ihre Schulmappen ab und brachten sie ins Kinderzimmer.

Frau Schwein ging in die Küche, um das Abendbrot vorzubereiten. Herr Schwein ging zu seinem Auto in die Garage.

Als Frau Schwein rief: »Essen ist fertig!«, wuschen sich Bruder und Schwester die Hände und nahmen am gedeckten Tisch Platz.

Herr Schwein kam aus der Garage und setzte sich auch hin.

»Guten Appetit!«, sagten Bruder Schwein und Schwester Schwein.

»Reichst du mir bitte das Brot?«, fragte Bruder Schwein. Herr Schwein warf es ihm zu. Er fing es geschickt.

Die Kinder wollten sich gerne mit den Eltern unterhalten, aber Herr Schwein sagte: »Beim Essen spricht man nicht!«

Frau Schwein hatte immer viel zu tun mit Haushalt und Beruf.

Herr Schwein bastelte an seinem Auto herum. Er fand immer etwas daran auszubessern.

Eines Tages sagte Frau Schwein: »Am Tisch essen nimmt viel

DIE FLEISSIGE FAMILIE

Zeit weg. Ich mache hier in der Küche Essen bereit. Jeder kann sich aussuchen, was er will!«

So nahm jeder schnell einen Imbiss im Stehen. Alle rannten und hasteten.

Es dauerte nicht lange, da litt Herr Schwein an Magenschmerzen, und Frau Schwein klagte über Kopfschmerzen.

So geht es nicht weiter!, dachten die Kinder. Mit Hektik schafft man auch nicht mehr! Wenn wir einen Gast einladen, dann müssten wir wieder gemeinsam am Tisch sitzen. Sie schickten eine Einladung an den Weihnachtsmann.

Die Eltern waren überrascht, als sie hörten, dass der Weihnachtsmann am Sonntag zum Essen kommen würde. »Nun gut«, sagten sie, »es bringt vielleicht etwas ein!«

Die Kinder schmückten das Zimmer weihnachtlich mit Tanne und deckten den Tisch, damit die Mutter nicht zu viel Arbeit hatte. Sie freuten sich auf den Besuch.

»Weil jetzt noch nicht Weihnachten ist, habe ich Zeit, mit euch gesellig zu essen«, sagte der Weihnachtsmann.

»Man muss sich Zeit zur Erholung nehmen und darf nicht immer nur an Arbeit denken. Der Dichter Goethe hat einmal gesagt:

Tages Arbeit! Abends Gäste!

Saure Wochen! Frohe Feste!

Wenn ich es eilig habe, esse ich mal ein Würstchen im Stehen, aber nur auf dem Weihnachtsmarkt.

Ihr wisst, ich bin schon sehr alt, und ich kann mich erinnern, dass auch vor Jahrhunderten die Menschen sich nach der Arbeit zum Essen trafen.

Ich bin viel in der Welt herumgekommen; da hab ich gesehen, dass man auf verschiedene Weisen essen kann. In Mittelasien, zum Beispiel, führt man die Speisen mit drei Fingern der rechten Hand zum Mund. Im Fernen Osten wird auch nicht mit Messer und Gabel gegessen, aber mit Stäbchen.

In anderen Ländern gibt es andere Esssitten, aber die Hauptsache ist, dass alle zusammen sich entspannen und unterhalten können.

Vielen Dank für die Einladung«, sagte der Weihnachtsmann zum Abschied. »Schade, dass man nicht immer so festlich essen kann.«

Familie Schwein beschloss, sich wenigstens an den Wochenenden Zeit für die Mahlzeiten zu nehmen. Jeder half bei den Vorbereitungen, damit Frau Schwein nicht so abgehetzt war.

Auch bei jedem Abendbrot erzählten sie lustig vom Tag und von ihren Erlebnissen. So hatten sie einen erholsamen Feierabend zusammen.

Im Sommer fuhren sie manchmal ins Grüne und setzten sich auf die Wiese. »Heute wollen wir wie in Mittelasien essen«, sagte Frau Schwein, »dann gibt es weniger abzuwaschen.«

Fred Rodrian
Wir gehen mal zu Fridolin
mit Illustrationen von Gertrud Zucker

Wir gehen mal zu Fridolin. Er wohnt im Dorf Schönermark, gleich hinterm großen dunklen Wald. Im Wald, so heißt es, haben früher die Riesen gehaust. Wenn abends, im Herbst, der Wind überm Wald heult, dann denkt Fridolin: Vielleicht sind es doch die Riesen, die da ächzen und stöhnen. Aber der Vater sagt, das ist der Wind in den Bäumen. Im Wald wohnt auch das Wildschwein, und Fridolin hat Angst davor, obgleich er es nie gesehen hat. Vor dem Wildschwein fürchtet er sich mehr noch als vor dem ollen Ganter von Bauer Krause oder vor Krügers kläffendem Hund.

Am liebsten spielt Fridolin mit Indianern, mit dem Häuptling Adlerauge, mit dem Indianermädchen Wilde Blume. Er baut sich für seine Indianer kleine Zelte, kleine Landschaften und rettet mit dem Häuptling das Mädchen Wilde Blume aus den Händen der Weißen, die es geraubt hatten. Aber in das Spiel kommt die Mutter und sagt: Fridolin, der Vater arbeitet mit dem Traktor auf dem Acker an der Waldecke.

Es ist heiß und staubig. Bring ihm eine Kanne Tee. Fridolin mault. Dabei ahnt er gar nicht, was der Tag noch alles für ihn bereithält. Dass es der aufregendste Tag seines Lebens werden wird. Nun geh schon, du Fliegenpilz, sagt die Mutter. Sie lacht, sie lacht das Maulen weg und Fridolin lacht auch. Er nimmt die Teekanne und geht. Den Indianerhäuptling Adlerauge steckt er in die Hosentasche.

Fridolin muss durchs ganze Dorf. Am Konsum vorbei, wo die freundliche Frau Betty die beste Wurst der Welt verkauft – Leider auch vorbei an Krügers Hund, der hoch aufgerichtet am Zaun steht und kläffend sein grimmiges Gebiss zeigt und wie verrückt an seiner Kette zerrt –

Vorbei am Bürgermeisterhaus, darin der Bürgermeister sitzt und nachdenkt – Vorbei am alten Kirchlein und schließlich auch an Krauses ollem Ganter.

Fridolin nimmt sich einen Stock und will mutig am Ganter vorbei. Aber der wedelt wild mit den Flügeln und hat den Schnabel aufgerissen, als wollte er Fridolin verschlucken. Ach, Fridolins Mut ist winzig klein geworden. Er macht einen weiten Bogen und der Ganter zischt und faucht ihm verächtlich nach. Fridolin dreht sich um und schreit: Du altes Biest, du. Der Ganter aber hört nicht darauf und Fridolins Mut wird durch sein Geschrei nicht größer. Inzwischen sind Wolken aufgekommen, graue Wolken, und die Welt ist etwas dunkler geworden.

Der Wald steht schwarz und Fridolin muss ein Stück durch den schwarzen Wald. Wind weht durch die Zweige. Es knistert und seufzt und raschelt. War da das Wildschwein? Fridolin bleibt ängstlich stehen und horcht. Er hört nur den Wind – und tuckernden Motorenlärm. Das ist der Vater mit dem Traktor. Nun hat Fridolin wieder einen Riesenmut Er rennt zum Waldrand und ruft: Vater! Und ruft: Hallo! Ich bringe Tee. Der Vater winkt und hält an. Der kleine Fridolin steht neben dem großen Traktor und hält dem Vater die Kanne hin. Aber der springt herunter, setzt den Sohn Fridolin auf den Traktorensitz und nimmt einen tiefen Schluck Tee. Dann wischt er sich mit dem Handrücken übern Mund und sagt: Das war gut, mein Sohn. Ich danke dir. Er setzt den Fridolin auf den zweiten Sitz und fährt mit ihm eine kleine Ehrenrunde. Bitte noch eine Runde, ruft Fridolin. Aber der Vater sagt: Leider nicht, mein Herr! Der Vater will wieder arbeiten. Fridolin schlendert zum Feldrand und guckt dem Vater eine Weile zu. Der Vater lenkt seinen brüllenden Traktor, winkt noch mal und hat die Augen auf die Arbeit gerichtet.

Fridolin aber sitzt am Feldrand und träumt. Er guckt in die dunklen Wolken. Die eine Wolke sieht aus wie ein Krokodil. Fridolin überlegt: Wenn das nun ein richtiges Krokodil wäre und es würde mich angreifen? Er nimmt Häuptling Adlerauge aus der Hosentasche und fragt ihn: Was würden wir da tun?

Aber Häuptling Adlerauge ist stumm. Und als Fridolin zum Himmel guckt, sieht das Krokodil wie ein Eierkuchen aus. Plötzlich aber dröhnt und brummt es laut, schrecklich laut. Ein silbergraues Flugzeug fliegt tief, ganz tief vom Dorf her übers Feld, streift die Baumspitzen, fliegt zu tief, verschwindet hinter der Waldecke. Es kracht böse und schlimm. Kein Laut mehr vom Flugzeug. Nur Vaters Traktor tuckert. Der Vater hat bei der Arbeit nichts gesehen und nichts gehört.

Fridolin guckt mit aufgerissenen Augen auf den Wald. Eine Sekunde nur. Schon springt er auf, schreit und rennt zum Vater.

Der Vater hält. Er sieht auf seinen sehr erschrockenen Jungen und sagt: Aber Fridolin, mein Junge, was ist passiert?

Und Fridolin erzählt, was er eben gesehen hat.

Wirklich wahr?, fragt der Vater.

Wirklich wahr!, sagt Fridolin.

Da springt der Vater vom Traktor, kuppelt den Pflug ab, setzt seinen Jungen auf den zweiten Sitz und fährt, so schnell der Traktor fahren kann, zur Lichtung hinterm Wald.

Da liegt das kleine silbergraue Flugzeug. Der Pilot hat eine Notlandung gemacht. Er hätte auch mit dem Fallschirm abspringen können. Das Flugzeug wäre dann auf das Dorf gestürzt. Der Pilot wollte das Dorf bewahren. Deshalb blieb er in seiner Maschine. Und da liegt sie nun auf der Lichtung. Nichts rührt sich darin.

Er muss verletzt sein, sagt der Vater hastig. Sonst wäre er ausgestiegen. Eine notgelandete Maschine gerät schnell in Brand. Er guckt Fridolin an: Junge, du rennst ins Dorf. Lauf so schnell du kannst. Lauf zum Bürgermeister. Er soll die Feuerwehr alarmieren

und einen Krankenwagen. Es geht um Leben und Tod. Sag ihm das.

Mit einem Male schlägt Fridolin das Herz ganz schnell. Er fragt: Ja, und du?

Ich pürsch mich mit meinem guten alten Traktor an das Flugzeug heran, sagt der Vater.

Ich versuche, den Piloten aus der Maschine zu kriegen.
Nein!, schreit der Fridolin.
Das Flugzeug kann doch explodieren!
Warte doch auf die Feuerwehr.
Geh!, sagt der Vater heftig. Man lässt keinen Freund in der Not. Wir dürfen keine Zeit verlieren.

Er springt auf den Traktor und fährt gradenwegs auf das notgelandete Flugzeug zu.

Fridolin guckt sich noch mal um. Dann rennt er durch den Wald. Es hängt jetzt viel von ihm ab. Wieder raschelt und knistert es im Wald und vielleicht ist es wirklich das Wildschwein. Fridolin denkt: Du knister man und raschel man. Ich muss so schnell sein wie noch nie. Er rennt mit ganzer Kraft. Es geht um Vater.

Gleich fällt ihm ein: Es geht genauso um den Piloten. Es ist ein sowjetischer Pilot. Das Flugzeug hatte einen roten Stern am Leitwerk. Ich kenne ihn nicht, denkt Fridolin. Ich hole Hilfe für einen, den ich nicht kenne. Für einen sowjetischen Piloten. Und für Vater. Für beide.

Und die Bäume wischen an ihm vorbei. So schnell läuft Fridolin. Er atmet hastig. Sein Hemd ist nass von Schweiß, die Rippen tun ihm weh. Aber er lässt nicht nach. Da ist schon das Dorf: bunte Häuser, weiß, gelb und blau, mit Strohdächern, die Schule aus roten Ziegeln mit einem Ziegeldach, das Kirchlein mit dem schiefen Wetterhahn. Und alles heil und nichts kaputt und keiner zu Schaden gekommen im Dorf. Weil der sowjetische Pilot bis zum letzten Augenblick in seiner Maschine blieb, weil er sein Leben einsetzte.

Es ist Nachmittagsstille im Dorf. Bloß da: Da kommt Krauses grimmiger Ganter mit gefährlich flatternden Flügeln. Aus dem Weg, du oller Ganter!, ruft Fridolin. Er rennt gradenwegs auf den Ganter zu. Der macht einen Satz zur Seite, vergisst vor Schreck sein böses Zischen und watschelt verdrossen weg. Fridolin aber stürmt zum Bürgermeister, erzählt – heftig atmend –, was geschehen ist, und fordert Feuerwehr und Krankenwagen.

Der Bürgermeister ist ein kleiner dicker Mann, rund und nett. Immer eine Mütze auf dem Kopf, immer gemütlich.

Jetzt ist er wie ein guter General, entschlossen und umsichtig. Er drückt auf einen Knopf, und die Sirene ertönt: Signal für die freiwillige Feuerwehr.

Er ruft bei der Stadtfeuerwehr an, meldet, was geschehen ist, und befiehlt: Bringen Sie gleich einen Krankenwagen mit und einen Arzt. Der Bürgermeister wischt Fridolin mit einem Handtuch den schweißnassen Kopf trocken, damit er sich nicht erkältet.

So, Fridolin, brummt er. Jetzt sagen wir den Genossen der Freiwilligen Feuerwehr Bescheid und weisen sie ein.

Er guckt Fridolin aus seinen kleinen blauen Augen sehr aufmerksam an:

Hältst du noch durch?

Bestimmt, sagt Fridolin. Dann komm!, sagt der Bürgermeister.

Die beiden rennen aus dem Haus. Rauf auf das Motorrad des

Bürgermeisters, hin zum Feuerwehrschuppen. Da stehen schon die Feuerwehrleute und machen ihr kleines Feuerwehrauto klar. Ein Flugzeug ist notgelandet, erklärt der Bürgermeister.

Auf der Lichtung hinter der Waldecke.

Und mein Vater ist da, sagt Fridolin.

Los!, ruft der Feuerwehrhauptmann.

Da saust die kleine Dorffeuerwehr feuerwehrschnell davon über die Dorfstraße, über die Chaussee. An der Kreuzung treffen sie die große Stadtfeuerwehr und den Krankenwagen. Nun fahren sie zum Feldweg, in den Wald, vorbei am Acker, den Fridolins Vater gepflügt hat, weiter durch den Wald, hin zur Lichtung: die kleine Feuerwehr, die große Feuerwehr, der Krankenwagen und vorneweg auf dem Motorrad der Bürgermeister mit dem Fridolin. Sie sind schnell wie der Wind und die Bäume wundern sich und der Wald ist voll Gedröhn.

Was aber ist mit dem Piloten, mit dem Vater, mit dem Flugzeug? Was ist auf der Waldlichtung geschehen?

Der Vater ist inzwischen mit seinem Traktor nah an das notgelandete sowjetische Flugzeug herangefahren. Undeutlich kann er den Piloten erkennen. Er bewegt sich nicht. Der Vater reißt Hammer und Zange aus dem Werkzeugkasten. Mit ein paar Schritten ist er am Flugzeug. Er spürt den starken Benzingeruch. Nur einen Augenblick lang zögert der Vater. Dann klettert er auf die Tragfläche und zerrt an der Glaskanzel Sie ist festgeklemmt. Er sieht sich um. Noch ist keine Hilfe zu sehen. Ganz allein ist er mit dem ohnmächtigen Piloten. Und jeden Augenblick können die Flammen hervorschlagen.

Mit dem schweren Hammer zerschlägt der Vater ein Glasfenster, drückt mit seiner ganzen Kraft die Glaskanzel zurück und zieht den Piloten ins Freie. Das ist übermenschlich schwer. Aber der Vater ist stark, er schafft es. Er lädt sich den Ohnmächtigen auf die Schulter, er schleppt ihn zum Traktor, er fährt mit ihm aus der gefährlichen Nähe des Flugzeuges zum Waldrand. Dort legt er den geretteten Piloten vorsichtig auf die Erde und nimmt ihm die Fliegerkappe ab. Er sieht ein junges Gesicht, es ist blass, der Atem geht schwach. Der Vater öffnet den Kragen des Piloten. Als er sich umdreht, sieht er: Aus dem notgelandeten Flugzeug schlagen Flammen.

Doch dann ist schon Motorengedröhn um ihn. Die zwei Feuerwehren fahren quer übers Feld zur brennenden Maschine. Der Bürgermeister springt mit Fridolin vom Motorrad. Der Arzt vom Krankenwagen untersucht den jungen Flieger.

Du, sagt der Bürgermeister zum Vater: du bist schon ein doller Kerl! Und der Fridolin auch. Helden seid ihr. Alle beide! Pssssst!, sagt der Vater. Und er legt den Finger auf den Mund. Er zeigt auf den Arzt. Der untersucht den Piloten. Er fühlt und horcht und guckt und sagt schließlich: Keine Lebensgefahr. Nun sind alle froh. Und Fridolin ist ganz warm ums Herz und er ist stolz auf den Vater.

Inzwischen hatten die Feuerwehrleute mit dem Schaumlöscher den Brand gelöscht. Das kleine Flugzeug sieht aus wie eingeschneit.

Alles in Ordnung!, meldet der Feuerwehrhauptmann der kleinen Dorffeuerwehr. Wir lassen eine Wache zurück.

Alles in Ordnung!, meldet der Feuerwehrhauptmann der großen Stadtfeuerwehr. Wir lassen auch eine Wache zurück. Die Feuerwehrleute steigen auf ihre Autos. Dem Krankenwagen mit dem jungen Piloten lassen sie aber die Vorfahrt. Der Arzt ruft aus dem Krankenwagenfenster: Er kann euch nächste Woche schon besuchen, unser Flieger.

Zurück bleiben der Vater, der Bürgermeister und Fridolin.

Ja, sagt der Vater. Dann wollen wir mal wieder. Der Acker wartet nicht.

Und er nimmt seinen kleinen Sohn Fridolin hoch und drückt und knuddelt ihn so richtig.

Dann steigt er auf den Traktor und ruft: Grüße die Mutter. Und Bratwurst hätte ich heute Abend gern.

Fridolin lacht und winkt und fährt mit dem Bürgermeister davon.

Es ist später Abend geworden. Viele Leute waren zum Gratulieren gekommen. Auch der sowjetische Major, der Kommandeur des jungen Piloten. Er hat sich bedankt für die Rettung

Er hat den Vater umarmt und dem glücklichen Fridolin Moskauer Konfekt geschenkt und mit einem Male ganz ernst gesagt: Das ist das Wichtigste: Inter-nationale-Solidari-tät.

Das Wort kenn ich noch nicht, hat Fridolin gesagt.

Das macht nichts, antwortete der Major. Du wirst es immer wieder hören. Es heißt: Freunde helfen sich!

Dann haben sie alle miteinander wunderbare knusprige, würzige Bratwurst gegessen und auch einen großen Wodka getrunken.

Bloß Fridolin nicht. Er kriegte Malzbier.

Jetzt liegt Fridolin in seinem Bett. Es ist alles ganz still. Der kleine Häuptling Adlerauge liegt auf dem Kopfkissen und schläft so tief wie Fridolin. Der schläft und träumt. Er sitzt mit dem Vater und dem jungen sowjetischen Piloten und dem Major auf einem großen Traktor und sie fahren weit und immer schneller und mit einem Male fliegen sie, fliegen über den Wildschwein-Wald, und Fridolin ruft: Du knister und raschel man, olles Wildschwein.

Ich habe keine Angst.

Winfried Völlger

Ija, der Esel von der blauen Wiese

mit Illustrationen von Gisela Neumann

Gabi hat einen Esel gezeichnet. Ganz grau, wie Esel eben grau sind. Er hat auch zwei lange Ohren. Mit seinem Schwanz wedelt er lustig umher. Gabi ist sehr stolz. Nun will sie dem Esel Gras malen. Sie nimmt ihre Buntstifte und überlegt.

Gelb? Grün? Rot? Braun? Orange? Blau? Blau, sagt sie, der blaue Stift malt schön! Und so malt sie rund um den Esel blaues Gras. Erst nur ein paar Halme. Dann Grasbüschel. Immer mehr und mehr. Da kommt Bernd ins Zimmer. Was hast du denn gemalt?, fragt er. Das ist ein Esel, sagt Gabi, Ija heißt er, Ija von der blauen Wiese. Bernd lacht laut und tippt sich an die Stirn. Eine blaue Wiese gibt es gar nicht, auch kein blaues Gras, und überhaupt, ich gehe jetzt Fußball spielen, aber nicht auf eine blaue Wiese. Er nimmt seinen Ball und läuft hinaus. Gabi ist traurig. Bernd hat auch gewusst, dass ich aus Gelb und Rot die Apfelsinenfarbe mischen kann. Darf ich die Wiese nicht blau malen? Plötzlich bewegt der Esel sein Maul. Ija, sagt der Esel und wackelt mit den Ohren, mir gefällt die blaue Wiese. Für meinen Bruder ist sie nur auf dem Papier, erwidert Gabi, aber es gibt richtige blaue Wiesen, ich weiß es ganz genau. Nur wo?

Da springt der Esel vom Zeichenblatt herunter, mitten ins Zimmer. Wenn wir nicht wissen, wo die blaue Wiese ist, müssen wir sie suchen. Komm, steig auf! Es hat keinen Zweck, seufzt Gabi, wenn wir jetzt die blaue Wiese finden und Bernd ist nicht dabei, wird er uns nicht glauben. Ganz einfach, sagt Ija, wir nehmen ihn mit. Ja, ruft Gabi, und hast du nicht gesehen, malt sie ihren Bruder mit ein paar Kritzelstrichen aufs Papier. Seinen Ball hält Bernd unterm Arm, und sein Mund schreit gerade ganz laut: Tooor!!! Es ist so laut, dass die Scheiben wackeln. Ija hält sich die langen Ohren zu.

Gabi radiert den großen Mund wieder weg und es wird still im Zimmer. Dann zeichnet sie einen neuen Mund. Schmal und etwas kleiner. Bernd sieht nicht sehr lustig aus. Und während er vom

Zeichenblatt heruntergeklettert, mault er: Ihr mit eurer albernen blauen Wiese. Aber dann sagt er nichts mehr, sie steigen beide auf Ijas Rücken und reiten los.

Bald sieht Gabi eine blaue Wiese. Hurra, dort ist sie!, jubelt sie, und Ija galoppiert los. Er springt so wild drauflos, dass Gabi sich ordentlich festhalten muss. Auch Bernd hat Mühe, nicht herunterzufallen. Als sie näher kommen, sehen sie, dass auf der Wiese viele Glockenblumen blühen. Das Gras jedoch ist grün.

Und als sie endlich angelangt sind, ist die Wiese grün. Die Wiese ist gar nicht richtig blau, sagt Bernd und zieht einen Flunsch. Gabi ist auch etwas enttäuscht. Ich finde aber, die Wiese ist ganz schön blau, sagt sie und fragt die Glockenblumenwiese: Weißt du, wo eine richtige blaue Wiese ist? Die ziemlich grüne Wiese wiegt ihre blauen Blütenköpfchen und die Grashalme werden nachdenklich. Eine blaue Wiese, ja, wo kann es denn so was geben? Vielleicht reitet ihr mal ans Meer. Die Vögel, die der Wind hier vorüberträgt, sagen, dass das Meer blau ist. Die drei bedanken sich bei der Glockenblumenwiese und reiten also zum Meer. Es ist ein weiter Weg. Bergauf und bergab.

Über Felder, Straßen und Wege. Aber Ija wird nicht müde und bald sind sie am Meer angelangt. Das Meer ist nun wirklich blau. Herrlich blau!, jauchzt Gabi, steigt ab und läuft ans Wasser. Ija beißt in eine Welle und schüttelt sich. Iiiija! Ist das Gras aber salzig. Iiiija! Das ist auch kein Gras, sagt Gabi, das ist Wasser. Na also, sagt Bernd, es gibt kein blaues Gras! Sie stehen am Ufer und Ija lässt traurig die Ohren hängen.

Ein großer Fisch kommt vorbeigeschwommen. He, du, ruft Gabi, kannst du uns nicht sagen, wo hier Gras wächst? Der Fisch hält an und sagt: Blub, blub, blib, blob, blub. Gabi kann die Fischsprache verstehen. Er meint, wir sollen ihm nachschwimmen, er will auch dort hin. Schwimmen wir also los, sagt Ija und springt ins Wasser.

Mitten in die Wellen. Kopf und Rücken ragen aus dem Wasser. Durch die Nasenlöcher holt er Luft. Die Ohren dreht er so, dass er damit im Wasser paddeln kann. Mit dem Schwanz steuert Ija die Richtung und paddelt los. Sie schwimmen hinter dem großen Fisch her. Der große Fisch schwimmt eine Kurve und hält an. Blib, blob, blub, blib, sagt er, und Gabi versteht: Hier wächst das Seegras.

Sie sehen sich um. Im Wasser schwimmt Gras. Aber das ist braun. Seht ihr nun, dieses Gras ist auch nicht blau, sagt Bernd. Gabi ist still. Zwar ist das Gras auch nicht grün, doch es ist wirklich nicht blau. Großer Fisch, sagt Gabi, wir suchen blaues Gras, eine ganze blaue Wiese. Und weil der Fisch gerade mit großem Appetit von dem Seegras frisst und sie deshalb nicht gleich versteht, fragt Gabi noch einmal in der Fischsprache. Da hört der Fisch auf zu fressen, spült sich sein rundes Fischmaul unter einer Welle und denkt lange nach. Schließlich antwortet er in seiner Blubbersprache: Wenn ihr immer geradeaus schwimmt, dann kommt ihr zum Horizont. Dort treffen sich Meer und Himmel.

Und von dort kommen die Schäfchenwolken, die am blauen Himmel wandern. Ich glaube, dass sie von dem blauen Himmel fressen, denn der ist sicher eine große blaue Wiese. Blub, blub. Damit wendet sich der Fisch wieder seinem Seegras zu. Ija schwimmt also geradeaus. Sie müssen sehr lange schwimmen. Dann sind sie

endlich beim Horizont angelangt. Ija steigt aus dem Wasser und schüttelt sich. Auf dem Horizont sitzen ein paar Schäfchenwolken. Sie sind weiß. Gabi fragt: Guten Tag, Wolken, sagt bitte, fresst ihr von dem Himmelsblau? Da nicken die Schäfchenwolken. Hm, hm, sagen sie, denn ihre Mäuler sind voll, hm, hm!

Und das ist auch blaues Gras?, fragt Berd misstrauisch. Hm, hm, nicken die Wolken. Siehst du, sagt Gabi, das ist die blaue Wiese! Na ja, sagt Bernd, für die Wolken vielleicht. Soll doch Ija davon fressen. Ija beißt in den blauen Himmel und frisst. Aber das blaue Himmelsgras ist aus Luft. Davon wird Ija nicht satt. Er frisst und frisst. Ija wird immer dicker. Halt, halt!, ruft Gabi, wenn du weiter so frisst, dann wirst du noch platzen! Inzwischen sind die Wolken dick und prall geworden. Schmeckt es euch?, fragt Ija die Wolken. Aber die sind so dick, dass sie nur noch h, h, h, h! sagen können.

Die Wolken kümmern sich nicht mehr um die drei und fliegen los. Ija ist auch prall und voller Luft. Wie ein Ballon. Nur seine

Ohren, der Schwanz und die Beine ragen hervor. Er will den Wolken nachfliegen. Halt!, ruft Gabi, wir wollen auch mit! Sie hängen sich an Ijas Hinterbeine und los geht's. Ija dreht seine Oren wie einen Propeller. So fliegen sie den Schäfchenwolken nach. Mitten über den großen Himmel. Ganz klein liegt die Erde unter ihnen. Die fliegen dicht an der Sonne vorbei, dann über die Fußballwiese, auf der Bernds Mannschaft gerade spielt.

Ich muss hinunter, ruft Bernd, wir verlieren sonst. Schnell, Ija, wir müssen sofort landen! Ija hält seine Propellerohren an. Er hebt den Schwanz und lässt die Luft ab. Langsam wird lja immer dünner und dünner und sie schweben hinunter auf die Erde. Bernd rennt zu seinem Ball und schießt ein Tor. Er wirft die Arme in die Luft und schreit ganz laut: Tooor!!!

Gleich tritt er wieder gegen den Ball. Und wieder ein Tor! Und noch ein Tor! Und noch eins! Tor!-Tor!-Tor! Gabi kann die Bälle gar nicht so schnell wieder wegradieren und dann neu ins Tor malen. Deshalb lässt sie nun die Bälle einfach im Tor. Bernd spielt großartig. Er merkt überhaupt nicht, dass seine Fußballwiese blau ist! Gabi hat das ganze Tor voller Bälle gemalt. Da geht die Tür auf und Bernd kommt ins Zimmer. Er freut sich gar nicht, denn heute hat seine Mannschaft verloren. Und er hat kein Tor geschossen. Nicht eins. Er bolzt seinen Ball in die Ecke und schaut auf Gabis Zeichenblatt Was ist das? Das bist du, sagt Gabi, und das sind die Tore, die du geschossen hast. Bernd sieht sie von der Seite an. Das hast du sehr schön gemalt, sagt er froh, so gut wie auf dem Bild möchte ich von nun an immer spielen! Er lacht über das ganze Gesicht.

Fred Rodrian
Der Märchenschimmel

mit Illustrationen von Ingeborg Meyer-Rey

1

Bom stand am Fenster und träumte. Er träumte von Grafen und Prinzen und Hexen und Rosenschlössern; denn er hörte zu gerne Märchen. Von morgens bis abends musste ihm die Großmutter Märchen vorlesen. Bom wollte immer nur Märchen hören. Und er wäre gern ein Prinz gewesen mit einem Schloss und einem silbernen Schimmel und vielen Dienern. Dabei war er ein fröhlicher kleiner Junge mit braunen Igelhaaren und glänzenden Kulleraugen. Er konnte ganz vorzüglich Schaukelpferd reiten und war immer sehr traurig, dass dem Holzpferd keine Flügel wuchsen. Dann stand er am Fenster und träumte in die Wolken. Aus den Wolken machte er sich Prinzessinnen und Paläste und einen Grafen, der zweiundzwanzig Paar Stiefel besaß. So war das mit Bom. Da sah er das Pferd. Es stand auf der anderen Straßenseite. An der Ecke mit den alten Häusern stand es, wo die Gastwirtschaft ist. Darin saß der Stangeneiskutscher Karl, trank Bier und ließ sein Pferdchen dursten. Bom hatte das Pferd schon öfter gesehen und auch den Kutscher, den alle Leute Bierkarl nannten. Heute sah er das Pferd richtig. Es war ein Schimmel, silbergrau und klein und schön. Bom bekam große Augen. Ein Schimmel! Vielleicht war es ein Märchenschimmel?

2

Bom stopfte schnell Stückenzucker und ein wenig Schnur in seinen grünen Rucksack. Er nahm den Rucksack auf den Rücken und lief die sieben Stockwerke hinab. Unten schaute er erst nach links und nach rechts, ging vorsichtig über den Damm und sagte zu dem Pferd höflich: Guten Morgen! Das Pferd nickte mit dem Kopf. Es hatte traurige Augen. Bom ging auf das Pferd zu und flüsterte: Bist du ein Märchenschimmel? Der Schimmel machte eine lange Zunge und wedelte müde mit dem Schwanz. Und Bom verstand: Der Schimmel hatte Durst. Aber es war kein Eimer da. Es war kein Wasser da. Und Bom war ratlos. Er ging einmal um Pferd und Wagen herum, und da entdeckte er es: Der Schimmel war nicht mehr am Wagen festgeschirrt. Er hatte sich losgemacht.

Bom überlegte einen Augenblick. Dann sagte er: Der Kutscher Bierkarl trinkt und du hast Durst. Das ist ungerecht. Wir reiten vor die Stadt. Da ist bestimmt ein Bach und da kannst du trinken. Und leiser sagte er: Wir werden die Märchenwiese sehen und die Prinzessin und das Schloss mit dem Grafen und den zweiundzwanzig Paar Stiefeln und noch viel mehr. Das Pferd nickte, Bom kletterte am Zaumzeug hoch und so ritten sie einfach los. Nur drei Spatzen guckten zu. Sie sonnten sich auf der einsamen Wagendeichsel.

3

Die meisten Leute hatten es eilig, manche Leute lachten, aber niemand hielt den kleinen Reiter an. Bom hatte eine Sorge. Er flüsterte dem Schimmel ins Ohr: Du bist ein Märchenschimmel und Märchenschimmel können fliegen. Flieg jetzt bitte nicht. Mein Vater würde uns oben sehen. Er ist Schornsteinfeger und er könnte sich erschrecken. Ich werde dich übrigens Max nennen, fügte er hinzu. Der Schimmel nickte und sie trabten weiter. Sie trabten sogar an einem Volkspolizisten mit weißer Mütze vorüber. Doch er sah sie nicht. Er schrieb gerade einen Radfahrer auf, der keine Klingel hatte.

So kamen sie vor die Stadt. Weit und bunt lagen die Felder da. Traktoren tuckerten und auf den Weiden standen still die Kühe. Rechts war dichter Wald. Dort wollte Bom hin, denn Märchenschlösser liegen hinter Wäldern. Aber erst musste der Schimmel

Wasser haben. Sie fanden bald ein Bächlein, der Schimmel löschte seinen Durst – dann ritten sie den Feldweg lang zum Wald. Es war schön im Wald. Der Kuckuck rief, ein Hase hoppelte davon, die Frühsonne glitzerte in den Bäumen. Da kamen sie an eine Wiese. Saftig grün stand das Gras, Glockenblumen und Butterblumen blühten und Grillen machten die feinste Musik. Eine Märchenwiese!, rief Bom und freute sich. Am Wiesenrand stand eine Bäuerin mit rotem Kopftuch und dengelte eine Sense. Sie sagte: Die Wiese muss gemäht werden. Es ist keine Märchenwiese – eine Mähwiese ist es. Bom war sehr ärgerlich. Märchenwiesen dürfen nicht gemäht werden, rief er.

Die Frau lachte und sagte: Da frag nur deinen Schimmel. Der will im Winter Heu haben. Bom guckte auf den Schimmel und Max nickte heftig mit dem Kopf. Schade ist es doch, sagte Bom leise. Aber er ließ sich etwas Heu in seinen grünen Rucksack füllen. Dann ritten sie weiter. Der Schimmel war fröhlich und wieherte. Es trabte sich gut auf dem weichen Waldboden. Allmählich wurde der Wald lichter. Auf dem Weg kam ein Mann daher mit einem Werkzeugkasten auf der Schulter, den er leicht und sicher trug. Der Mann war kräftig und braun gebrannt. Er hatte ein Schurzfell um. Guten Tag, sagte Bom zu dem Mann. Bist du der Starke Hans? Oder vielleicht sogar der Eisenhans? Nicht ganz, sagte der Mann mit fröhlichem Gesicht. Ich bin der Eisenschmied von der Genossenschaft. Schade, sagte Bom. Ich hätte gern den Starken Hans kennengelernt. Aber vielleicht kannst du mir trotzdem sagen, wo das nächste Schloss ist. Ich will es gern besuchen. Ein Schloss? Der Eisenschmied wunderte sich. Dann schmunzelte er und sagte: Reite nur ein Stückchen weiter. Er grüßte freundlich und ging und rief noch: Dein Schimmel muss neu beschlagen werden. Er hat schlechte Hufeisen. Er hatte einen schlechten Kutscher!, rief Bom und winkte zum Abschied.

4

Sie trabten weiter und bald sah Bom vom Waldrand aus ein Schloss. Es war das Rosenschloss. Zwischen alten Buchen stand es da mit gelben Mauern, blinkenden Fenstern und einem Türmchen, das einen Wetterhahn trug. Die roten Dachziegel hatten Moos und an den gelben Mauern blühten Kletterrosen. Es war das hübscheste kleine Schloss, das man sich denken kann. Komm, sagte Bom ganz leise zum Schimmel. Sie trabten langsam auf das Schloss zu. Je näher sie kamen, umso schöner sah es aus. Vor dem Schloss war zartgrüner Rasen und ein kleiner Teich. Darin schwammen breitmäulige Karpfen. Weit hinter dem Schloss bellten Hunde, krähten Hähne, schepperten Milchkannen. Da lag ein Dorf mit hellen Häusern. Aber im Schloss war kein Mensch zu sehen. Das muss so sein bei Märchenschlössern, sagte Bom zu Max. Dann sprang er auf den Rasen und reckte Arme und Beine. Reiten ist anstrengend. Während Max das Gras kostete, ging Bom mit behutsamen Schritten zum Schloss. Ja, er ging sogar auf Zehenspitzen, denn er war zum ersten Mal vor einem Märchenschloss. Staunend guckte er sich um. Alles war frisch gestrichen, alles sah ordentlich aus und es blitzte vor Sauberkeit. Bom schaute durch ein Fenster. Er

sah einen hellen Saal mit lustigen Bildern, und es standen dort – er zählte mit den Fingern mit –, es standen dort zweiundzwanzig Paar Stiefel. Es waren allerdings auch Schuhe und Sandalen darunter und alle ziemlich klein. Hier wohnt also der Graf mit den zweiundzwanzig. Paar Stiefeln, sagte Bom. Aber es stehen auch zweiundzwanzig Betten da. Was macht ein Graf mit zweiundzwanzig Betten? Nachdenklich ging er zu Max zurück. Ich habe nie gewusst, Max, dass ein Graf in zweiundzwanzig Betten schlafen kann, sagte Bom zum Schimmel. Der nickte und rupfte weiter Gras. Bom fiel ein, dass er Hunger hatte.

5

Er hatte großen Hunger. Aus seinem grünen Rucksack nahm er die Schnur und machte sich eine Angel. Bom wollte einen Karpfen fischen. Mit einem weiten Schwung warf er die Schnur aus. So hatte Bom es bei seinem Vater gesehen. Plötzlich wurde über ihm ein Fenster aufgestoßen, und eine empörte Stimme rief: Steck die Angel weg, du! Das ist unser Teich! Bom bekam einen großen Schreck. Er sah nach oben und da schaute aus dem Fenster ein Mädchen mit blonden Zöpfen und grauen wütenden Augen. Es hatte ein zartes, feines Gesicht. Das ist die Prinzessin, dachte Bom. Das Mädchen sagte: Warte! Ich komm gleich hinunter! In roten Hausschuhen kam das Mädchen über die Wiese gehuscht. Es hatte einen Halswickel um. Bom machte eine kleine Verbeugung und sagte: Ich bin der Reiter Bom. Das ist Max, der Schimmel. Und du bist sicher die

Prinzessin. I wo, sagte das Mädchen. Ich heiße Rosmarie und habe mich erkältet. Die anderen machen einen Ausflug. Bom verstand das nicht, und er fragte: Aber du sagst, dass es dein Teich ist. Vielleicht bist du die Tochter des Grafen? Das Mädchen sagte: Spinnst du? Das ist nicht mein Teich, sondern unser Teich. Er gehört uns allen. Darin kann nicht einer für sich angeln. Du auch nicht?, fragte Bom. Ich auch nicht, sagte das Mädchen. Bom rief: Dann bist du keine Prinzessin und keine Tochter des Grafen. Die können alles.

Nichts können sie, schrie Rosmarie wütend. Gar nichts. Und mein Vater ist nicht Graf, sondern Autokarosserieschlossermeister. Frag doch den Genossen Timm. Der stand in der offenen Tür, lächelte mit seinen lustigen Augen und sagte: Helft mir mal, ihr beiden. Wir müssen den Tisch decken. Die anderen bringen tüchtigen Hunger mit. Und die Kinder müssen bei uns pünktlich essen. Da dämmerte es Bom, wo er sich befand. In einem Kinderheim nämlich. Und Genosse Timm war der Heimleiter und Rosmarie nur ein Kindergartenmädchen. Da war kein Graf und keine Prinzessin und kein Märchen. Bom war tief enttäuscht. Er drehte sich um und wollte fortreiten. Bleib hier, Reiter Bom!, rief Rosmarie. Doch Bom sagte: Ich will kein Kinderheim, ich will ein Märchenschloss. Ich will den Grafen suchen und die Prinzessin. Er kletterte auf den Schimmel Max und sagte wütend: Hü! Doch der Schimmel blieb stehen und setzte nicht ein Bein vor das andere. Er schüttelte ganz leicht den silbergrauen Kopf. Da sagte Genosse Timm: Ja, Reiter Bom, bleib hier. Du wirst in unseren Schlössern keine Grafen und Prinzen finden. Es gibt bei uns keine Grafen und Prinzen und Gutsbesitzer mehr. So laut er konnte, fragte Bom: Warum?

6

Aber Lachen und Singen war plötzlich um ihn. Es plapperte und klapperte und war gesund und fröhlich, es schlug Purzelbäume und war bunt gekleidet: Die anderen einundzwanzig Kinder kamen vom Ausflug zurück. Fräulein Blitzer, die Kindergärtnerin, klatschte in die Hände und rief: Alle Kinder gehen zum Händewaschen. Dann wurde gegessen. Es gab Bratwurst mit grünen Erbsen und hinterher Kirschkompott und Bom durfte mitessen. Doch gleich nach dem letzten Bissen fragte er laut über den Tisch: Und warum gibt es bei uns keine Grafen und Gutsbesitzer mehr? Alle Kinder hörten zu. Damit du hier Kirschkompott essen kannst, antwortete Genosse Timm. Damit sich auf den Schlössern viele Kindergartenkinder erholen können. Und Genosse Timm erzählte: Als ich so alt war wie ihr, saß hier allein der Gutsbesitzer. Kein Kind durfte im Park spielen und die armen Bauern mussten für ihn arbeiten. Doch vor Tag schon musste ich ins Schloss und ihm die vielen Stiefel putzen. Zweiundzwanzig Paar?, rief Bom. Zweiundzwanzig Paar!, sagte Genosse Timm. Aber ich hatte im Winter nur Holzpantinen. Das ist ungerecht!, sagte Bom, und alle Kinder sagten: Das ist ungerecht! Ja, sagte Genosse Timm, es war ungerecht. Überall war es so. Deshalb haben wir die Grafen und Gutsbesitzer weggejagt. Und deshalb können Kinder jetzt bei uns in Schlössern wohnen und ich brauch keine Gutsbesitzerstiefel mehr zu putzen. Ist das richtig? Und die Kinder riefen: Es ist richtig so! Auch Bom. Nun klatschte Fräulein Blitzer in die Hände und sagte: Alle Kinder machen Mittagsruhe. Die Kinder liefen in den Schlafsaal. Es gnuckerte und wisperte noch ein Weilchen. Dann war Ruhe. Die Kinder schliefen. Sie schliefen im Ahnensaal des Rosenschlosses. Bom aber ging zum Schimmel, gab ihm ein Stück Zucker und legte sich ins Gras. Den grünen Rucksack mit dem Heu nahm er als Kopfkissen. Über sich sah er große weiße Wattewolken und den Schimmel Max. Max hatte glückliche Augen. Bom hatte noch eine wichtige Frage auf dem Herzen. Mit dieser Frage schlief er ein.

7

Bom und die Kindergartenkinder schliefen lange. Sie waren müde; Bom vom Reiten, die Kindergartenkinder vom Wandern. Genosse Timm guckte nachdenklich durch das Fenster, schaute auf Bom, dann rieb er sich die Nase, ging in sein kleines Büro und telefonierte. Als Bom die Augen aufschlug, stand die Sonne schon hinter den Tannen. Er war durch ein lautes Knattern wach geworden. Was war das? Es war das Motorrad. Auf dem Motorrad saß sein Vater, der Schornsteinfeger, und lachte, denn Bom machte ein verdutztes Gesicht. Wir sind vorhin extra nicht geflogen, erklärte Bom. Um dich nicht zu erschrecken.

Ich glaub es, sagte der Schornsteinfegervater. Aber jetzt wollen wir sehen, wie wir euch nach Hause kriegen. Ich reite, rief Bom. Er kletterte auf den Schimmel und sagte: Hü!, und: Bott!, und: Zurück zum Kutscher Bierkarl!

Doch der Schimmel rührte sich nicht. Er stand da wie festgeleimt und schüttelte heftig den Kopf.

Nun sagte Genosse Timm: Hü!, und der Schornsteinfegervater sagte: Bott! Doch der Schimmel stand still. Soll ihn Bierkarl selber abholen, rief die kleine Rosmarie. Vielleicht behandelt er dann sein Pferdchen besser. Am besten aber wär, der Max bleibt ganz hier. Er sah vorhin so glücklich aus. Ja!, riefen die Kinder.

Und Bom stieg vom Pferderücken auf den Motorradrücken und verabschiedete sich von allen Kindern, vom Genossen Timm, von Fräulein Blitzer und natürlich auch vom Schimmel Max. Der Schornsteinfegervater sagte: Danke! Dann gab er Gas und fuhr los. Alle Kinder winkten mit bunten Sommerblumen und der Schimmel stand plötzlich auf den Hinterbeinen und wieherte fröhlich. Da schrie der Bom ganz plötzlich: Halt! Ich hab noch eine Frage. Es ist wichtig! Der Schornsteinfegervater bremste, und Bom rief laut: Genosse Timm! Wie ist es mit den Märchen? Und mit den guten Grafen und Prinzen in den Märchen? Genosse Timm antwortete: Die Märchen sind schön und alt. Die armen Leute haben sie vor langer Zeit erzählt. Sie wünschten sich damals gute Könige und gute Prinzen und gute Grafen. Aber die Könige und Grafen und Prinzen sind nicht gut geworden. Deshalb haben wir sie verjagt. Die Märchen sind geblieben und die Märchen sind schön. Doch dass heute Kinder in den Schlössern wohnen können, das ist schöner als alle Märchen zusammen. Ja, riefen die Kinder, und Bom rief: Ja! Er winkte und alle Kinder winkten wieder. Dann fuhr der Schornsteinfegervater los. Und die Kinder schauten dem Motorrad nach, bis es als kleiner blitzender Punkt in den Waldrand tauchte.

Da klatschte Fräulein Blitzer in die Hände und sagte: Alle Kinder gehen zum Kaffeetrinken. Und Rosmarie darf nachher mit ins Dorf. Wir wollen Hafer holen. Für Max.

Der kleine Bom hielt sich am Schornsteinfegervaterrücken fest und der Fahrtwind sauste und Bom war glücklich. Er hatte viel erlebt.

Er rief dem Vater ins Ohr: Es ist wunderschön, dass wir in den Rosenschlössern spielen können. Aber wenn die Grafen und Gutsbesitzer nun wiederkommen? Der Vater brummte mit seinem Motorrad und rief zurück: Weißt du: Wir lassen sie gar nicht mehr rein! Schön!, sagte Bom. Sie fuhren an einem weiten Feld vorbei. Da war der Eisenhansschmied und steuerte mit seinen großen Fäusten einen feuerroten Traktor. Er lachte dabei und grüßte die Motorradfahrer. Der Schornsteinfegervater hupte dreimal. Dann sangen die beiden laut und lustig in den Wind. Die Schwalben auf den Telegrafendrähten zwitscherten mit und am Himmel waren helle kleine Wolken.

Siegbert Schubert und Erika Klein
Feuerwehrmann Heiner

Heiner ist allein im Haus. Mutter und Vater sind zur Arbeit. Im Flur am Kleiderrechen hängt Vaters Feuerwehruniform. Der Vater ist der Vorgesetzte aller Feuerwehrmänner im Dorf. Heiner sieht lange auf die Uniform. Soll er? Er greift nach der Mütze, setzt sie sich auf – und sieht nichts mehr. Heiner schiebt sie auf den Hinterkopf. Jetzt kann er sich im Spiegel sehen. Er legt die Hand an den Mützenschirm und meldet: »Nachwuchsfeuerwehrmann Heiner zur Stelle!« Der Feuerwehrmann im Spiegel macht ein ernstes Gesicht. »Soo? – Und wo ist das Koppel?« Heiner holt schnell den schwarzen Riemen. Der reicht fast zweimal um seinen Bauch. »Fertig!«, meldet er sich zurück. Ist er das da im Spiegel? Ein richtiger Feuerwehrmann, der aufpassen muss, damit kein Feuer im Dorf ausbricht.

Der Feuerwehrmann Heiner schließt die Tür ab. Dann marschiert er in das Dorf. Unterwegs trifft er viele Leute. Zuerst begegnet ihm der Postbote. »Guten Morgen«, grüßt Heiner. Freundlich dankt der Postmann und bleibt stehen. Auch die Nachbarin mit dem Handwagen, die Verkäuferin vom Konsum, der Vorsitzende der LPG und ein Traktorist kommen dazu.

»Wo will denn die Feuerwehr so früh hin?«, ruft der Traktorist. Heiner rückt das Koppel gerade. »Ich vertrete heute den Vater. Einer muss doch aufpassen, dass kein Feuer ausbricht, wenn alle arbeiten!« Die Nachbarin nickt. »Eine vorbildliche Feuerwehr.«

»Viel Erfolg wünschen wir dir«, ruft der Traktorist und rollt mit seinem Trecker davon.

Heiner beginnt seinen Kontrollgang. Weit ist das Tor der Schmiede geöffnet. »Guten Tag, Meister Schmied«, grüßt Heiner und tritt ein. »Dank für den Gruß der Feuerwehr«, antwortet der Meister mit tiefer Stimme. »Soll ich die Feuerwehrpferde beschlagen?« Heiner lacht. »Pferde? Die Feuerwehr hat doch ein Auto! Weißt du das nicht?« Da lacht auch der Schmied mit. »Na, was willst du dann?« »Aufpassen, dass kein Feuer ausbricht.« Da erzählt der Schmied: »Es gab einmal eine Zeit, da rückte die Feuerwehrspritze wirklich nur mit Pferden aus. Wenn sie eintraf, waren Haus, Scheune oder Stall meist schon abgebrannt. Schnell ging das. Die Dächer waren mit Stroh gedeckt und das Feuer hatte es leicht.«

»Brannte deine Schmiede auch ab?«

»Ja, auch meine Schmiede. Aber jetzt passen wir gut auf. Die Feuerwehr wird nichts zu tun bekommen.«

»Das ist gut.« Heiner reicht dem Schmied die Hand und grüßt. Vor dem Tor steht der Meister und winkt noch.

Heiner kommt an eine lange, hohe Hecke. Dahinter liegt die Gärtnerei der LPG. Von dort steigt dichter schwarzer Rauch auf. Sogar das Knistern und Prasseln des Feuers ist zu hören. Heiner rennt los.

Hinter der Hecke findet er den jungen Gärtner. Er steht ruhig neben dem Feuer. »Hallo! Wer hat denn die Feuerwehr alarmiert?« Er lacht dabei. Aber Heiner lacht nicht mit. »Du darfst nicht einfach etwas verbrennen. Denke an die Trockenheit! Das Feuer ist gefräßig.«

»Ich lasse das Feuer auch nicht allein«, beruhigt der Gärtner.

»Was verbrennst du da?«

»Unkräuter, die mit ihren Samen die Erde verunreinigen. Wenn ich sie vernichte, helfe ich den nützlichen Pflanzen.« Heiner nickt. »Hilft dir das Feuer noch?« Da zeigt der Gärtner auf die großen Gewächshäuser. »Im Winter, wenn Kälte und Schnee kommen, schafft mir das Feuer Wärme für die Pflanzen.« Da bedankt sich Heiner und geht. Am Ende des Dorfes beginnt der Wald. Über Kiefern und Fichten ragt weit sichtbar ein Holzturm. Ein Feuerwachturm. Heiner sieht hinauf. Oben aus dem Fenster winkt jemand aufgeregt.

»Feuerwehrmann, im Dorfe brennt es!« »Hier unten sehe ich nichts.« Heiner klettert die Leiter hinauf. Zwei Forstleute stehen oben. Der Förster zeigt hinüber zu den Häusern. Der Junge lacht. »Das ist ein nützliches Feuer, der Gärtner passt auf.«

»Ein Glück, dass die Feuerwehr Bescheid weiß.« Der Förster bumst auf die Bank. »Habe ich einen Schreck bekommen! Nicht alle Menschen sind so vorsichtig.

Viel Wald haben die Brände schon vernichtet. Und große und kleine Tiere sind dabei umgekommen.« Heiner hat es schon vom Vater gehört. Der Förster zeigt über den Wald. »Sieh, wie es über den Baumkronen flimmert. So trocken war es lange nicht. Wie stark es nach Harz duftet. Tag und Nacht müssen wir jetzt wachen. Höchste Waldbrandwarnstufe!«

»Wenn wir alle wachsam sind, wird es kein Feuer geben«, beruhigt Heiner den Förster. Beide klettern wieder zur Erde zurück. »Gute Wache!«, ruft der Forstmann hinauf zum Turm. Er reicht Heiner die Hand. »Pass weiter so auf.« Heiner läuft zum Dorf zurück. Was ist denn das? Er sieht über den Häusern auf einmal eine viel schwärzere und dickere Rauchsäule. Die Gärtnerei liegt doch auf der anderen Seite. Es muss ein größeres Feuer sein. Heiner rennt.

Tatsächlich! Hinter einer Scheune brennt es. Er steht davor: Was soll er nur tun? Er hat Angst. Es muss doch jemand helfen! Ist denn hier kein Mensch? Heiner läuft um die Scheune. Überall Flammen und Rauch. Die Feuerwehr muss her! Heiner rennt zum Spritzenhaus. Noch schneller ist der Traktorist. Der springt vom Fahrzeug und drückt auf den Knopf der Sirene. Laut heult es: Feueralarm! Von allen Seiten eilen Erwachsene und Kinder herbei. Zweihundert Meter vor der brennenden Scheune steht der Traktorist und hält die Leute auf. Denn er ist ein richtiger Feuerwehrmann. Niemand darf weiter vor. Die Feuerwehr wird viel Platz brauchen für die Löscharbeiten. Da kann nicht jeder neugierig umherlaufen.

Heiner steht ganz vorn an der Absperrung. Hinter seinem Rücken tuschelt es. Andere Kinder sind es. »Der Heiner hat Feuerwehr gespielt. Mit einer richtigen Uniform sogar.« Heiner hört nicht weiter hin; er wartet auf die Feuerwehr. Sein Vater springt zuerst aus dem Fahrzeug. Er winkt Heiner zu und gibt sofort seine Befehle an die Feuerwehrmänner.

Das Feuer ist gelöscht. Noch einmal konnte größerer Schaden verhindert werden. Jemand musste das alte Heu angezündet haben. Es lag an der Rückwand der Scheune. Das Feuer sprang auf das Gebäude über. Bei Heiners Eltern sitzen die Erwachsenen zusammen. Der Abschnittsbevollmächtigte, der Bürgermeister, Heiners Vater und andere Feuerwehrleute. Sie überlegen: Wer mag der Täter sein? Der Bürgermeister fragt: »Hat jemand gesehen, wer an der Brandstelle war?« Niemand weiß etwas genau. »Nur Heiner wurde von zwei Frauen gesehen«, erklärt einer. »Als er zum Spritzenhaus lief«, ergänzt ein anderer. Ja und er spielte Feuerwehr, meinte ein Dritter.

Plötzlich ist ein schlimmer Verdacht da. Heiner sollte …? Sein Vater kann es nicht glauben. »Schließlich muss erst alles untersucht werden«, sagt der Volkspolizist.

Am Abend ist Heiner allein mit seinen Eltern. Mutter und Vater haben lange miteinander gesprochen. Sie sind ruhig und freundlich. »Heiner, setz dich zu mir«, bittet der Vater. »Erzähle alles, was du heute erlebt hast! Ganz genau, Heiner. So gut du dich erinnern kannst.« Heiner erzählt. Von der Anprobe vor dem Spiegel, den Besuchen bei Schmied, Gärtner und Förster und wie er die Rauchsäule sah. »Ich bin sofort losgelaufen, um Alarm zu schlagen, Vater. Aber der Traktorist war schneller.«

»Hast du jemand an der Scheune gesehen?«

»Nein, dort war niemand.«

»Danke, Heiner. Wir glauben dir. Alles wird sich aufklären. Gute Nacht, Heiner!« Ein neuer Tag beginnt. Hell und freundlich ist der Morgen. Heiner ist wieder im Dorf. Unterwegs trifft er seine Freunde. Zuerst den Postboten.

»Guten Morgen!«, grüßt Heiner. Der Briefträger dankt, bleibt aber nicht stehen. Heiner grüßt die Nachbarin. Sie nickt und sagt: »Das war aber kein schönes Spiel gestern, mein Junge!« Die Verkäuferin kommt dazu. »Von mir hat er die Streichhölzer nicht bekommen!« Heiner versteht nicht, was die Erwachsenen da reden. Auf dem Fahrrad fährt der LPG-Vorsitzende vorbei. Er sieht Heiner nicht an. Ein Traktor rattert vorbei. Am Steuer der junge Fahrer von gestern. Nicht einmal hersehen kann er, denkt Heiner. Mit einem Male ist der Tag gar nicht mehr hell und freundlich. Heiner ist traurig. Er hat doch wirklich nur Feuerwehr gespielt. Ist das etwas Schlechtes?

Habe ich etwas falsch gemacht?, fragt sich auch der ABV. Er findet keine Ruhe. Hat Heiner den Brand verursacht? Er glaubt ihn zu kennen. Ein anderer? Mit diesem Gedanken geht der Volkspolizist noch einmal zur Scheune. Heiner sieht ihn, wie er dort aufmerksam etwas auf dem Boden sucht. »Guten Tag«, grüßt er traurig. Der Mann reicht ihm die Hand. »Na, was ist Heiner? Suchen wir gemeinsam?« Heiner schüttelt den Kopf. »Was kann ich schon helfen. Alle denken, ich habe mit dem Feuer gespielt. Nur die Eltern glauben mir.«

Und nun weiß der ABV, er muss Zeit für Heiner haben. »Komm,

Heiner. Setzen wir uns. Wir beide müssen schnell die Wahrheit finden.« Für den Nachmittag hat der Bürgermeister alle Dorfbewohner zu einer wichtigen Beratung eingeladen. Der Gasthaussaal ist dicht besetzt. Heiner sieht den Postboten, die Nachbarin, die Verkäuferin, den Traktoristen, den ABV und auch den Bürgermeister. Neben Heiner sitzen seine Eltern. In der Nähe sind auch der Schmied, der Gärtner und der Förster.

»Wir beginnen«, sagt der ABV. »Wer kann helfen, die Wahrheit zu finden?« Da meldet sich der Schmied. »Hört zu, keiner weiß bis jetzt, wer das Feuer legte. Warum verdächtigen einige den Heiner? Haben wir den Beweis dafür? Nein!«

»Richtig!«, wird aus dem Saal gerufen. »Wir drei haben aber Beweise, dass unser Heiner ein kluger und tüchtiger Junge ist. Ich vertraue ihm«, sagt der Schmied und setzt sich. »Heiner ist schnell und mutig und auch streng wie ein Feuerwehrmann. Er war es bestimmt nicht.« So steht auch der Gärtner auf Heiners Seite. »Den besten Beweis habe ich!« Der Förster sieht in sein Notizbuch. »Ich schreibe mir alles Wichtige auf. Hier steht: Mit Heiner auf dem Feuerwachturm gewesen. Siebeneinhalb Minuten später heulte die Sirene. Also war Heiner noch auf dem Weg, als das Feuer ausbrach.« Die Leute klatschen dem Förster Beifall.

Heiner ist glücklich. Er fällt seiner Mutter um den Hals. Seine großen Freunde haben ihm geholfen, ihm vertraut. Wer ist aber der Täter? Alle schauen auf den ABV.

»Ja, liebe Leute. Ich glaube, den oder die Täter zu haben. Erstens, altes Stroh und Heu liegen unordentlich hinter der Scheune. Zweitens, daneben liegt Gerümpel und Schutt. Drittens, das Tor

der Scheune stand offen. Und: eine Menge kleiner und großer Glasscherben liegen dort. Eine davon hat wie ein Brennglas das Feuer entfacht. Also heißen die Täter: Unordnung und Nachlässigkeit!«

Der ABV geht auf Heiner zu. »Bitte, verzeihe allen den schlimmen Verdacht.« Heiner kann nur nicken und strahlt den Volkspolizisten an. Sprechen kann er nicht. So aufgeregt ist er. Jeder im Saal ist froh für Heiner und mancher mag sich schämen. Noch einmal spricht der ABV. »Für Heiner habe ich eine Überraschung: Die Genossen der Hauptfeuerwache laden ihn zu einem Besuch ein: Morgen holen sie Heiner mit einem Feuerwehrauto ab.«

Quellen und Rechtenachweis

Ernst Adler: Ko und Ala. Mit Bildern von Hans Baltzer. Erstmals erschienen 1970 © bei den Urhebern

Franz Fühmann: Die Suche nach dem wunderbunten Vögelchen. Mit Bildern von Ingeborg Friebel. Erstmals erschienen 1960. Text © Hinstorff Verlag GmbH Rostock 2008. Illustrationen © Inge Friebel

Maxim Gorki: Vom dummen Iwanuschka. Mit Bildern von Bernhard Nast. Aus dem Russischen von Thomas Reschke. Erstmals erschienen 1971 © bei den Urhebern

Werner Heiduczek: Vom Hahn, der auszog, Hofmarschall zu werden. Mit Bildern von Wolfgang Würfel. Erstmals erschienen 1975. Text: © bei den Urhebern

Gottfried Herold: Die Zauberbude. Mit Bildern von Gerhard Lahr. Erstmals erschienen 1970 © bei den Urhebern

Walter Krumbach: Beim Puppendoktor. Mit Bildern von Ingeborg Meyer-Rey. Erstmals erschienen 1955 © Der KinderbuchVerlag in der Verlagsgruppe Beltz, Weinheim Basel 2006

Wolfgang Pfannenschmidt: Das Hasenschwänzchen. Mit Bildern von Inge Gürtzig. Erstmals erschienen 1979 © bei den Urhebern

Katrin Pieper: Die große Reise des kleinen Jonas. Mit Bildern von Ingeborg Friebel. Erstmals erschienen 1962 © bei den Urhebern

QUELLEN UND RECHTENACHWEIS

Fred Rodrian: Pantommel malt das Meer. Mit Bildern von Werner Klemke. Erstmals erschienen 1980. Text © Marianne Rodrian. Illustrationen © Ulrike Braun, Sabine Kahane-Noll

Fred Rodrian: Wir gehen mal zu Fridolin. Mit Bildern von Gertrud Zucker. Erstmals erschienen 1971. Text © Marianne Rodrian. Illustrationen © Gertrud Zucker

Fred Rodrian: Das Entenliesel. Mit Bildern von Erich Gürtzig. Erstmals erschienen 1960. Text © Marianne Rodrian. Illustrationen © Inge Gürtzig

Fred Rodrian: Der Märchenschimmel. Mit Bildern von Ingeborg Meyer-Rey. Erstmals erschienen 1960. Text © Marianne Rodrian. Illustrationen © Grigorij-Alexander Meyer

Eva Johanna Rubin: Drei kleine Mädchen. Mit Bildern von ders. Erstmals erschienen 1965 © Carola Pohlmann

Siegbert Schubert: Feuerwehrmann Heiner. Mit Bildern von Erika Klein. Erstmals erschienen 1971. Text © Siegbert Schubert. Illustrationen von Erika Klein © Gertrud Zucker

Liselotte Sewart: Bello und Minke. Mit Bildern von Dagmar Schwintowsky. Erstmals erschienen 1971. Text © Liselotte Sewart. Illustrationen © Brit Homburg

Elizabeth Shaw: Das kleine schwarze Schaf. Mit Bildern von ders. Erstmals erschienen 1989 © Der KinderbuchVerlag in der Verlagsgruppe Beltz, Weinheim Basel 2005

Elizabeth Shaw: Die fleißige Familie. Mit Bildern von ders. Erstmals erschienen 1986 © Anne Schneider

Rudi Strahl: Sandmann sucht die neue Stadt. Mit Bildern von Eberhard Binder. Erstmals erschienen 1968 © Elfriede Binder

Brigitte Tenzler: Zappel und die Zauberzahlen. Mit Bildern von Ingeborg Friebel. Erstmals erschienen 1966 © die Urheber

Winfried Völlger: Ija, der Esel von der blauen Wiese. Mit Bildern von Gisela Neumann. Erstmals erschienen 1976 © die Urheber

Kurzbiografien der Autoren und Illustratoren

Ernst Adler (1903-1982) war ein Jurist und Übersetzer aus Österreich. Er schrieb mehrere Kinderbücher, die sich vor allem mit Tieren beschäftigen.

Hans Baltzer war Illustrator und Werbegrafiker in Berlin. Tierdarstellungen waren eine Spezialität des Künstlers, der bis heute unvergessene Filmplakate erschuf.

Eberhard Binder (1924-1998), Werbegrafiker, anschließend Buchillustrator und -gestalter, illustrierte über 800 Bücher, hauptsächlich für Kinder.

Franz Fühmann (1922-1984) war ein bedeutender deutscher Schriftsteller für Kinder- und Erwachsenenliteratur. Er erhielt u.a. den Heinrich-Mann-Preis, den Nationalpreis der DDR und den Geschwister-Scholl-Preis.

Ingeborg Friebel war eine bekannte Illustratorin der DDR. Sie gestaltete zahlreiche Kinderbücher, darunter Werke von Franz Fühmann und Günther Feustel.

Maxim Gorki (1868-1936; eigentlich: Alexei Peschkow) war ein russischer Schriftsteller. Er war Gelegenheitsarbeiter, bis er als Theaterautor seinen Druchbruch hatte.

Erich Gürtzig (1912-1993) studierte Grafik an der Hochschule für Bildende Künste in Berlin-Charlottenburg und war ab 1949 als freischaffender Kinderbuchillustrator tätig. Er gestaltete weit über 100 Bücher.

Inge Gürtzig, geb. 1935, studierte an der Fachschule für angewandte Kunst in Heiligendamm sowie an der Kunsthochschule Berlin-Weißensee. Die Witwe von Erich Gürtzig war ab 1961 freiberuflich tätig.

Werner Heiduczek, geboren 1926, zunächst Lehrer, ab 1965 freier Schriftsteller, Verfasser von Erzählungen, Stücken und Hörspielen für Kinder, später schrieb er auch Romane.

Gottfried Herold, geb. 1929, stammt aus der Oberlausitz. Er war einige Jahre als technischer Zeichner tätig, bevor er Redakteur bei der »Sächsischen Zeitung« und freischaffender Autor wurde.

Erika Klein (1935-2003) arbeitete als freischaffende Illustratorin für Filmwerbung, Kinderzeitschriften und Kinderbücher. Allein für den Kinderbuchverlag Berlin gestaltete sie 60 Kinderbücher.

Werner Klemke (1917-1994) war Grafiker, Buchgestalter und Illustrator. Er lehrte an der Kunsthochschule Berlin-Weißensee und war Mitglied der Deutschen Akademie der Künste. Neben Klassikern der Weltliteratur illustrierte er viele der beliebtesten Kinderbücher der DDR.

Walter Krumbach (1917-1985) arbeitete als Lehrer und Schuldirektor. 1955 machte er sich als Autor selbstständig und landete mit seinen Kinderbüchern einige internationale Bestseller. Er textete das berühmte Sandmann-Lied.

Gerhard Lahr (1938-2012) studierte an der Fachschule für angewandte Kunst in Magdeburg. Seit 1963 war er freischaffender Illustrator. Seine Bücher wurden mehrmals als »Schönste Bücher der DDR« ausgezeichnet.

Ingeborg Meyer-Rey (1920-2001) studierte an der Hochschule für Bildende Künste in Berlin-Charlottenburg. Sie war eine der produktivsten und bekanntesten Kinderbuchillustratorinnen und –autorinnen der DDR.

Bernhard Nast (1924-2001) studierte an der Meisterschule für Grafik und Buchgewerbe in Berlin. Ab 1947 arbeitete er freischaffend als Plakatmaler, Pressezeichner und Illustrator.

KURZBIOGRAFIEN

Gisela Neumann, geb. 1942, Illustratorin, studierte an der Kunsthochschule Berlin und illustrierte viele Kinderbücher in der DDR.

Wolfgang Pfannenschmidt, geb. 1939 in Weida / Thüringen, arbeitete 40 Jahre lang als Pädagoge und Schriftsteller. Er lebt in Güstrow.

Dr. Katrin Pieper studierte an der Berliner Humboldt-Universität Germanistik und Theaterwissenschaften. Ab 1960 arbeitete sie im Kinderbuchverlag Berlin, dessen Cheflektorin sie von 1975 bis 1992 war. Heute arbeitet sie als freie Autorin und Herausgeberin.

Fred Rodrian (1926-1985) studierte am Institut für Literatur in Leipzig. Ab 1958 verfasste er Erzählungen für Kinder und wurde zu einem der bekanntesten Kinderbuchautoren der DDR. Zudem war er Cheflektor und später Verlagsleiter des Kinderbuchverlags Berlin.

Eva Johanna Rubin (1926-2001) war eine der bedeutendsten deutschen Kinderbuchillustratorinnen der zweiten Hälfte des 20. Jahrhunderts. Ihre Bücher erfreuten sich in Ost- und Westdeutschland gleichermaßen großer Beliebtheit und wurden mit zahlreichen Preisen ausgezeichnet.

Siegbert Schubert, geb. 1932, war zunächst Volkskorrespondent und VP-Korrespondent. Er schreibt u.a. Reportagen, Porträts, Anekdoten und Kindererzählungen. Träger der Medaille »Für ausgezeichnete Pressearbeit« in Gold.

Dagmar Schwintowsky (1939-1997) war eine in Leipzig geborene Grafikerin und Illustratorin zahlreicher Kinderbücher.

Liselotte Sewart (1919-2015) war 1961-1964 Lektoratsassistentin und Sekretärin des Verlagsleiters beim Reclam Verlag in Leipzig. Doch am liebsten schrieb sie zahlreiche Kinderbücher.

Elizabeth Shaw (1920-1992), geb. in Belfast/Nordirland, lebte ab 1946 in Berlin. Für viele Zeitschriften und Verlage schuf sie ihre unverwechselbaren Karikaturen, illustrierte Bücher von Mark Twain, James Krüss und Astrid Lindgren. Ihre Bücher sind Klassiker der Kinderliteratur.

Rudi Strahl (1931-2001) wurde in Stettin geboren und trat als Dramatiker, Dreh- und Kinderbuchautor in Erscheinung. Seine Bücher wurden in viele Sprachen übersetzt.

Brigitte Tenzler (1931-1974) arbeitete nach dem Krieg in einer Textilfabrik, dann als Verkäuferin und Buchhalterin. Ab 1961 war sie als freischaffende Schriftstellerin tätig und verfasste Fernseh- und Hörspiele für Kinder.

Winfried Völlger, geb. 1947 in Halle, war seit 1974 freiberuflich als Literat, Grafiker und Regisseur tätig. Von 2006 bis 2011 studierte er Musik- und Theaterwissenschaften in Leipzig.

Wolfgang Würfel, geb. 1932, studierte an der Hochschule für Bildende Kunst in Berlin-Weißensee, war ab 1955 freier Grafiker und ist Träger des Hans-Baltzer-Preises für Illustration.

Gertrud Zucker, geb. 1936, studierte Grafik an der Hochschule für Bildende Kunst in Berlin-Weißensee, u.a. bei Werner Klemke. Ab 1960 arbeitete sie als freischaffende Illustratorin.

Eine Hommage an die Kinderliteratur von damals

Erzähl mir vom kleinen Angsthasen

Die schönsten Kindergeschichten der DDR
ISBN: 978-3-407-77092-9
254 Seiten, gebunden, ab 4 Jahren

Dieser Sammelband vereint viele der schönsten Vorlesegeschichten der DDR, die in sechs Jahrzehnten im KinderbuchVerlag erschienen sind. Autoren wie Benno Pludra, Hannes Hüttner und Eva Strittmatter dürfen ebenso wenig fehlen wie die Illustratoren Elizabeth Shaw, Ingeborg Meyer-Rey, Werner Klemke und viele mehr.

»Ein einzigartiger Vorleseschatz!« Kölner Stadt-Anzeiger

www.beltz.de **BELTZ** Der **Kinderbuch**Verlag

Jetzt folgt der zweite Streich –

Von Tuppi, Krawitter und Schweinchen Jo

Klassische Kindergeschichten der DDR

Sammelband
Gebunden, 251 Seiten (77078)

Wie viel mehr schöne Geschichten aus der DDR gibt es doch zu entdecken. Dieser Sammelband fasst 23 weitere Geschichten zusammen: bekannte, teilweise vergriffene Klassiker wie *Vom Moritz, der kein Schmutzkind mehr sein wollte, Die Rakete von Bummelsburg, Guten Morgen, Kastanienbaum, Krawitter, Krawatter, das Stinchen, das Minchen, Judiths wunderbarer Ball, Die Schildkröte hat Geburtstag* und viele mehr.

www.beltz.de **BELTZ** Der **Kinderbuch**Verlag

Da werden Kindheitserinnerungen wach!

Kennst du Lommelchen und die drei kleinen Ferkel?
Klassische Kindergeschichten der DDR

Sammelband
Gebunden, 253 Seiten (77140)

Auch dieses Buch enthält so manchen Bilderbuchschatz, der seit Jahrzehnten nicht lieferbar gewesen ist. 25 der beliebtesten Geschichten unvergessener Kinderbuchkünstler wie *Ferdinand der Stier* (illustriert von Werner Klemke), *Bettina bummelt, Tatü und die drei Cäsilien, Das Osterhasenfell, Der Dackel Oskar* und viele mehr.

www.beltz.de   **BELTZ** Der **Kinderbuch**Verlag

Eine wahre Schatzkiste

Lies mir vor von Mäusecken Wackelohr

Klassische Kindergeschichten der DDR

Sammelband
Gebunden, 251 Seiten (77167)

Dieser Sammelband widmet sich den ganz besonderen Bilderbuchschätzen der DDR, denn ein Großteil der insgesamt 21 Geschichten sind Perlen der Kinderbuchkunst, und waren seit Jahrzehnten nicht mehr lieferbar. Vergriffene Klassiker wie *Das Mitternachtsgespenst, Adebar, der Klapperstorch, Känguru Konrad* und viele mehr.

»Das ist eine Wiedersehensfreude!« *Mitteldeutsche Zeitung*

www.beltz.de **BELTZ**
Der **Kinderbuch**Verlag

Endlich wieder lieferbar: der Sammelband von Fred Rodrian und Werner Klemke

Fred Rodrian / Werner Klemke
Ein Wolkentier und nochmal vier
Gebunden, 128 Seiten
ISBN 978-3-3-358-03084-4

Sie waren wohl das erfolgreichste Duo der DDR-Kinderliteratur: der Autor Fred Rodrian, der selbst jahrelang Lektor und Verlagsleiter des Kinderbuchverlags Berlin war, und Werner Klemke, der bekannte Grafiker, Buchgestalter und Illustrator. Sie schufen zahlreiche Bestseller wie »Hirsch Heinrich«, »Das Wolkenschaf« und »Die Schwalbenchristine«.

Der Lexikon-Klassiker für Kinder!

Von Anton bis Zylinder

Das Lexikon für Kinder
Aktualisierte Neuauflage
ISBN: 978-3-407-77143-8
480 Seiten, gebunden, ab 9 Jahren

Ein großartiges Lexikon, angefüllt mit all dem, was ein Kind heute wissen möchte. Fragen kann man dank der alphabetischen Sortierung rasch nachschlagen, aber ebenso lädt das Lexikon zum lockeren Durchblättern, zum Entdecken interessanter Fakten und Details ein.

»Für alle, die neugierig sind oder die ein gutes Nachschlagwerk für die Schule suchen, ist dieses Kinderlexikon ein Muss.« *MDR Figaro*

www.beltz.de   **BELTZ**
Der **Kinderbuch**Verlag